소소한 즐거움이 있는 핸드메이드
처음 하는 자수

Lady Boutique Series No. 3016 Hajimete no Shishuu
Copyright ⓒ2010 by BOUTIQUE-SHA, INC.
All rights reserved.
Original Japanese edition published by BOUTIQUE-SHA, INC.
Korean translation rights ⓒ2010 by Happy Dream Publishing co.
Korean translation rights arranged with BOUTIQUE-SHA, INC. Tokyo
through EntersKorea Co., Ltd. Seoul, Korea

이 책의 한국어판 저작권은 (주)엔터스코리아를 통한 일본의 BOUTIQUE-SHA, INC.와의 독점 계약으로 즐거운상상이 소유합니다.
신 저작권법에 의하여 한국 내에서 보호를 받는 저작물이므로 무단전재와 무단복제를 금합니다.

처음 하는 자수

1판 1쇄 발행 2011년 1월 7일
1판 4쇄 발행 2013년 7월 10일

감수_세바타 야스코
옮긴이_김수연
펴낸이_정원정, 김자영
편집_홍현숙
디자인_김민정

펴낸곳_즐거운상상
주소_서울시 용산구 문배동 7-6 이안1차 102동 오피스텔 1003호
전화_02-706-9452 팩스_02-706-9458 전자우편_happywitches@naver.com
출판등록_2001년 5월 7일
인쇄_백산하이테크

ISBN 978-89-92109-70-3
ISBN 978-89-92109-69-7(세트)

* 이 책의 모든 글과 사진, 디자인을 무단으로 복사, 복제, 전재하는 것은 저작권법에 위배됩니다.
* 책값은 뒤표지에 있습니다.

소소한 즐거움이 있는 핸드메이드

처음 하는 자수

my first stitching

A to Z

즐거운상상

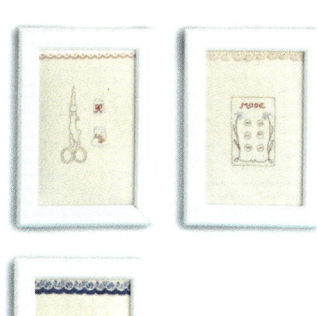

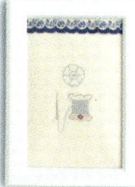

Prologue

처음 자수를 시작하는 분들을 위한 책입니다.
쉬운 설명과 풍부한 사진, 친절한 일러스트로 구성되어 있어
자수를 처음 접하는 누구라도 쉽게 따라할 수 있습니다.
기본 스티치를 활용한 귀여운 도안과 지갑, 가방, 티매트 등
소품을 만드는 방법도 소개합니다.
이 책을 보면서 마음에 드는 도안을 골라 수놓아보세요.
나만의 멋진 작품이 탄생할 거예요.

c.o.n.t.e.n.t.s

Prologue _ 5

자수의 기초 배워보기

자수실 _ 8
자수바늘 _ 10
자수천 _ 11
필요한 도구 _ 12
25번 자수실 이용 방법 _ 13

바늘에 실을 꿰는 방법 _ 13
매듭 짓는 방법 _ 14
타래실 푸는 방법 _ 15
수틀 이용 방법 _ 15
천의 가장자리 처리 방법 _ 16

도안 옮기는 방법 _ 16
자수의 시작과 마무리 방법 _ 17
수를 놓아봅시다 _ 18
이 책에서 사용한 스티치 _ 20, 64

기본 스티치 시작하기

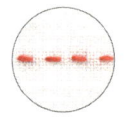 러닝스티치 _ 22
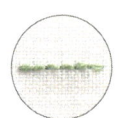 백스티치 _ 23
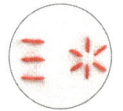 스트레이트스티치 _ 24
 아우트라인스티치 _ 25
 레이지데이지스티치 _ 26

 더블레이지데이지스티치 _ 27
 버튼홀스티치 _ 28
 플라이스티치 _ 29
 새틴스티치 _ 30
 롱앤드쇼트스티치 _ 31

 프렌치너트스티치 _ 32
 카우칭스티치 _ 33
 체인스티치 _ 34
 휘프체인스티치 _ 35
 페더스티치 _ 36

 더블페더스티치 _ 37
 블리언스티치 _ 38
 블리언데이지스티치 _ 39
 헤링본스티치 _ 40
 셰브론스티치 _ 41

 휘프스파이더스티치 _ 42
 스파이더웹로즈스티치 _ 43
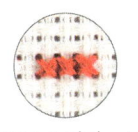 크로스스티치 _ 44
 크로스스티치 수놓기 _ 47

수놓고 싶은 작은 도안

 바느질 소품 _ 50
 앤티크 _ 52
 차콜 & 화이트 _ 54
 알파벳과 연속무늬 _ 56
 크로스스티치로 수놓은 알파벳 _ 58

자수로 만든 소품

 작은 액자 _ 66
 포인트 자수 북커버 _ 68
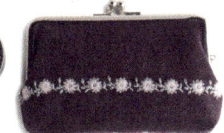 콤팩트 거울 & 프레임 파우치 _ 70

 페더스티치 토트백 _ 73
 십자수 도일리 _ 74
 꽃무늬 키친크로스 _ 76
 장미무늬 캐러멜 파우치 _ 78

자수의 기초 배워보기

❋ 자수실

이 책에서는 주로 면사로 된 25번 자수실을 사용했습니다. '25번' 은 색상이 아니라 실의 굵기를 나타내는 숫자입니다. 실의 굵기는 '번수(番手)' 라는 단위로 나타냅니다.

25번 자수실은 실 6가닥이 하나로 모여 있습니다. 수를 놓을 때는 6가닥 중 필요한 가닥 수만큼 뽑아내어 사용합니다. 이 책의 도안에서는 '2가닥, 3가닥' 등으로 필요한 가닥 수를 표시해두었습니다.

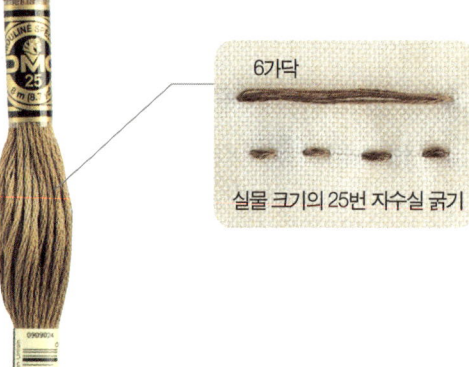

색 번호
색은 라벨 번호로 구별합니다. 도안에 적혀 있는 번호가 라벨 번호입니다. 실의 색상 번호는 제조업체마다 다릅니다. 이 책에서는 'DMC' 의 자수색을 사용했습니다. 다른 제조업체의 실을 사용할 때는 색상을 비교하여 비슷한 색으로 고르면 됩니다.

DMC 자수실 외에 코스모 자수실, 올림푸스 자수실, 앵커 자수실 등이 있습니다.

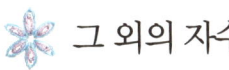 ## 그 외의 자수실

25번 자수실 외에 5번, 4번, 3번 자수실 등을 일반적으로 사용합니다. 그 외에도 16번, 20번 등의 실과 라메(금실, 은실이 섞인 실)가 들어간 자수실이 있습니다. 소재는 면, 리넨, 울 등입니다.

5번 자수실　　4번 자수실 　　3번 자수실 　　울 자수실

※ 실물 크기의 실 견본

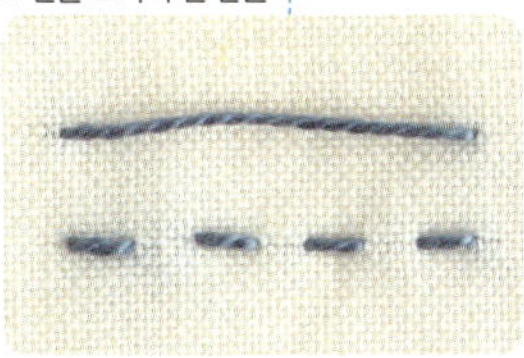

1가닥으로 된 면사입니다. 번수가 작아질수록 실이 굵어집니다.　　자수용 털실. 1가닥으로 사용합니다.

 ## 자수 바늘

25번 자수실을 사용해서 수를 놓을 때는 주로 프랑스 자수바늘이나 십자수바늘을 사용합니다.
5번수 이상의 굵은 실을 사용한다면 바늘귀가 가늘고 길면서 커다란 '리본자수바늘' 을 사용하면 됩니다.

★ 프랑스 자수바늘

바늘귀가 커서 자수실을 쉽게 꿸 수 있으며 끝이 뾰족합니다. 번호가 커질수록 바늘이 작아집니다.

· 실 가닥수에 따른 적당한 바늘 호수

바늘 호수	실 가닥수
10번	1가닥용
9번	1~2가닥용
7번	2~3가닥용
5번	3~4가닥용
3번	6가닥용

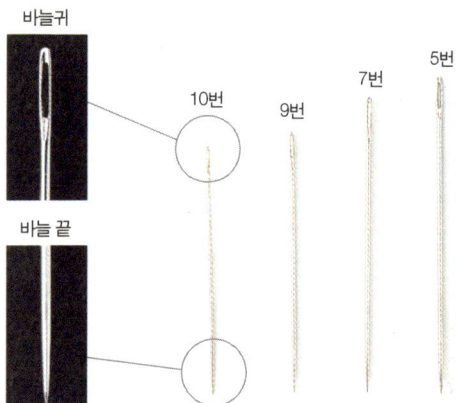

★ 십자수바늘

프랑스 자수바늘보다 바늘귀가 세로로 길고, 끝이 뭉툭한 바늘입니다.

· 실 가닥수에 따른 적당한 바늘 호수

바늘 호수	실 가닥수
26번	1~2가닥용
24번	2~4가닥용
22번	6가닥용

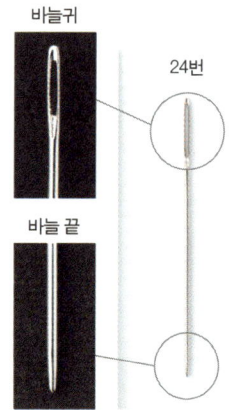

자수 천

평직물이라면 어떤 천에라도 수를 놓을 수 있지만, 너무 얇은 천은 안이 비쳐 보이므로 피하는게 좋습니다.
면이나 리넨은 수축하기 쉬우므로 수를 놓기 전에 천을 세탁하여 말린 다음 다림질을 해둡니다.

리넨 / 면 / 면 벨벳 / 울

★ 십자수용 천
크로스스티치(십자수)에 사용하는 천은 구멍이 나 있어서 칸을 세기 쉽습니다.
가로 세로 10cm 안에 칸이 몇 개인지에 따라 천의 이름이 달라집니다.
자수에 익숙해지면 칸을 세어 수를 놓는 리넨이나 면에 도전해보세요.

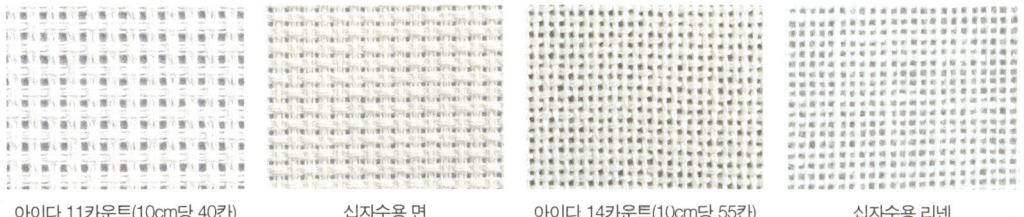

아이다 11카운트(10cm당 40칸) / 십자수용 면 / 아이다 14카운트(10cm당 55칸) / 십자수용 리넨

필요한 도구

★ 수틀
다양한 크기가 있습니다. 수를 놓으려는 도안보다 크기가 더 큰 수틀을 선택하세요. 사진은 각기 15.5cm와 12.5cm 크기의 수틀입니다.

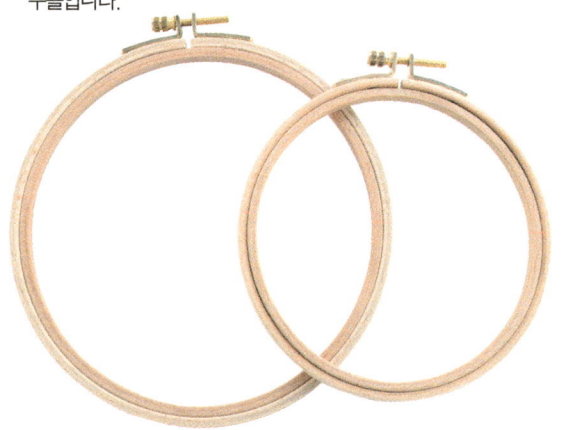

★ 스타일러스(철필)
스타일러스 대신 못 쓰는 볼펜을 사용해도 됩니다.

★ 초크펜
천에 직접 도안을 그릴 때 사용하며, 물로 지울 수 있는 타입이 편리합니다.

★ 물붓
천의 도안을 지울 때 사용하며, 면봉을 물에 적셔서 사용해도 됩니다.

★ 천용 복사지(초크 페이퍼)
복사지를 천 쪽에 대고 도안을 올려놓은 다음, 옮겨 그립니다.

★ 메시 패턴 시트
작은 구멍이 나 있는 반투명한 시트로, 같은 도안을 계속해서 천에 옮길 때 사용합니다. 사용 방법은 16페이지를 참고하세요.

★ 자수용 가위

★ 재단가위

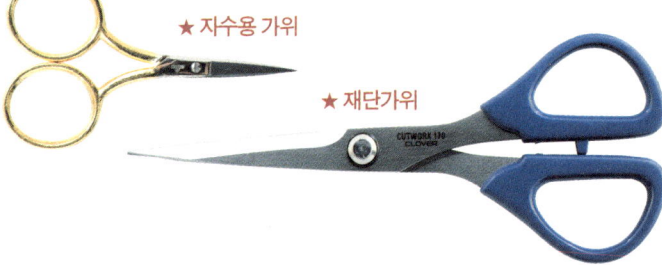

25번 자수실 이용 방법

25번 자수실은 한 타래의 길이가 8m입니다. 필요한 길이만큼 잘라서 사용합니다.

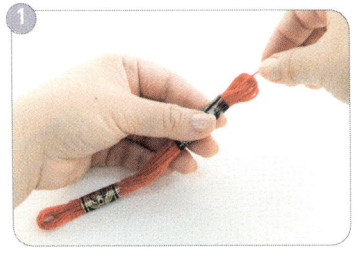

① 실의 라벨을 손가락으로 잡고 안에서 실 끝을 잡아당겨서 뺍니다.

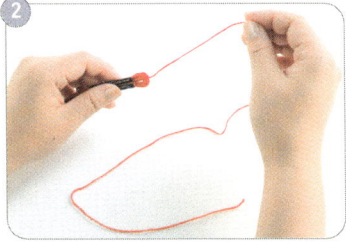

② 접힌 자국이 세 개 정도 되는 길이만큼 실을 뺍니다.

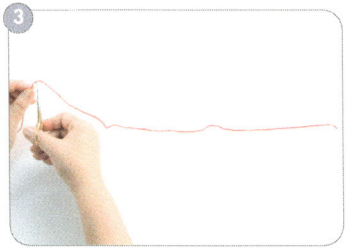

③ 약 45~50cm 길이로 자수실을 자릅니다.

 ## 바늘에 실을 꿰는 방법

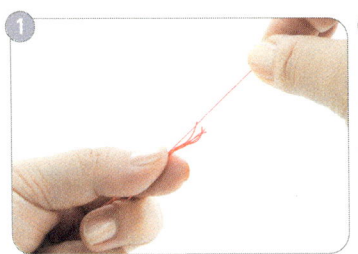

① 자수실을 필요한 가닥수만큼 가지런히 정리합니다. 한 가닥씩 빼냅니다.

② 같은 방향으로 늘어놓습니다. 여기서는 세 가닥입니다.

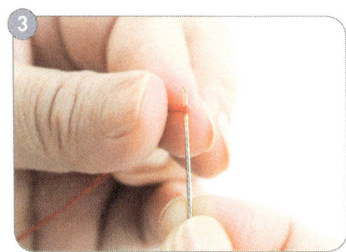

③ 바늘을 오른손으로 잡고 가지런히 정리해 둔 자수실의 끝을 조금 접어 바늘에 건 다음, 접은 자국을 만듭니다.

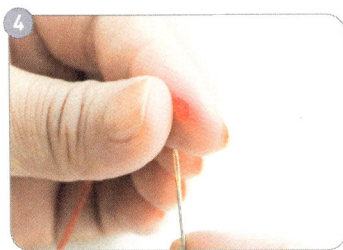

④ 접힌 부분이 흐트러지지 않게 주의하며 바늘을 아래로 빼냅니다.

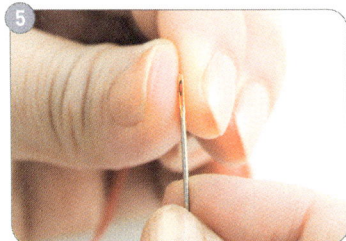

⑤ 접힌 부분을 검지와 엄지로 완전히 덮고, 바늘귀를 댄 다음에 손가락을 벌리면서 실의 접힌 부분을 바늘귀에 꿰웁니다.

⑥ 실을 잡고 빼냅니다.

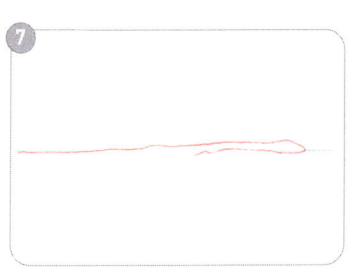

실이 꿰어진 모습.

실꿰기 사용 방법
굵은 실을 꿰기가 어려울 때 실꿰기를 사용하면 편리합니다.

먼저 바늘귀에 실꿰기의 철사 고리를 끼우고, 고리에 실을 끼운 다음 고리를 빼냅니다.

❋ 매듭짓는 방법

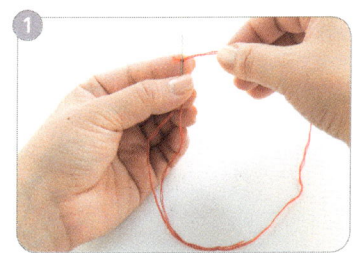

실의 긴 쪽 끝을 손가락 끝에 올려놓고, 바늘로 누릅니다.

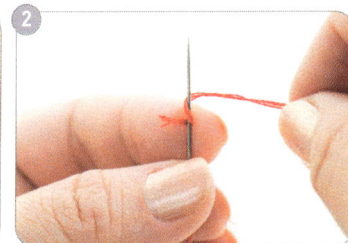

바늘에 실을 한 번 감습니다.

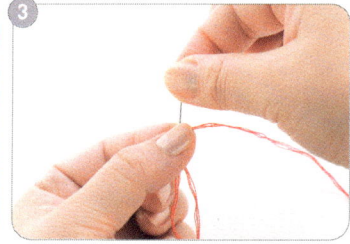

감은 실을 손가락으로 누르고 바늘을 잡습니다.

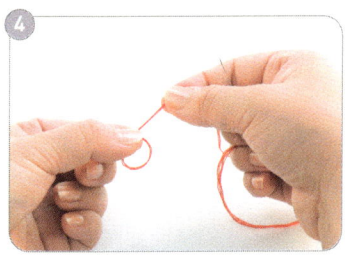

감은 실을 손가락으로 누른 상태에서 실을 당깁니다.

실을 끝까지 당깁니다.

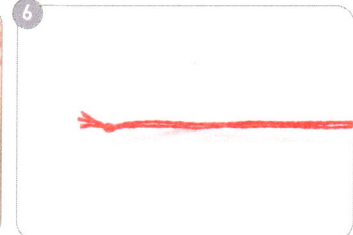

매듭이 완성된 모습. 매듭 지은 부분이 너무 길면 3mm 정도만 남기고 자릅니다.

타래실 푸는 방법

3번, 5번 자수실 등 꼬여 있는 '타래실'은 고리로 되어 있으므로 풀어서 사용합니다.

라벨을 벗기고 꼬임을 풉니다.

한 번 더 실을 벌리면 고리 상태로 이어져 있습니다.

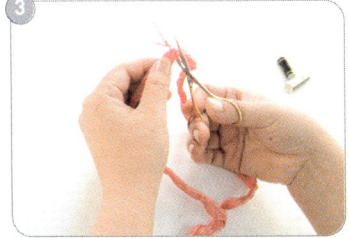

실의 매듭 근처를 자르고, 매듭도 잘라냅니다.

실타래의 끝에 라벨을 끼워 중심 부근에 둡니다. 양쪽 끝 부분을 모아서 다른 라벨을 끼웁니다.

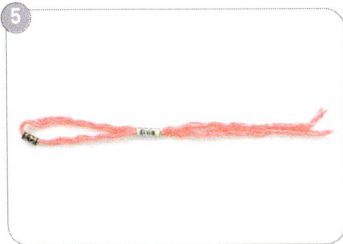

타래도 풀고, 길이도 가지런히 정리합니다.

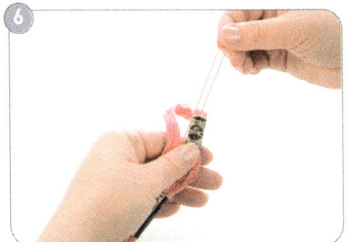

사용할 때는 한 가닥씩 빼서 사용합니다.

 ## 수틀 이용 방법

수틀을 이용하면 깔끔하게 마무리할 수 있습니다.

수틀을 분리해서 안쪽 틀에 천을 올려 놓습니다.

바깥쪽 틀을 끼우고 나사를 죕니다.

천을 아래로 잡아당겨 형태를 바로잡아가면서 팽팽하게 고정합니다.

천의 가장자리 처리 방법

수를 놓는 동안 천이 풀리지 않도록 천의 가장자리를 처리합니다.

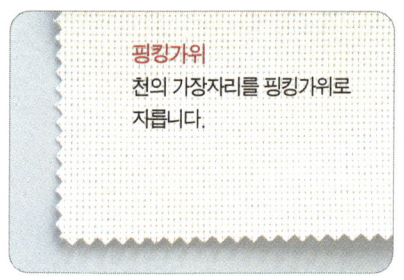

핑킹가위
천의 가장자리를 핑킹가위로 자릅니다.

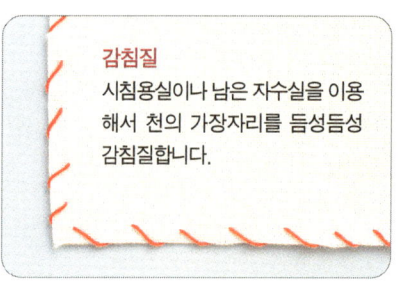

감침질
시침용실이나 남은 자수실을 이용해서 천의 가장자리를 듬성듬성 감침질합니다.

 ## 도안 옮기는 방법

도안 위에 천을 올려놓고 초크펜으로 옮깁니다. 도안이 비치지 않는다면 천용 복사지를 사용해서 옮깁니다.

★ **천용 복사지(초크 페이퍼) 사용 방법**

1. 천에 도안을 올려놓고, 그 사이에 복사지를 끼웁니다. 도안을 보호하기 위해 셀로판을 겹칩니다.
2. 시침핀으로 고정하고, 철필이나 볼펜으로 도안을 덧그립니다.
3. 모두 옮겨졌는지 확인하고 나서 도안과 복사지를 빼냅니다.

★ **연속무늬를 간단히 옮기는 방법** _ 메시 패턴 시트를 사용해서 옮기는 방법입니다.

  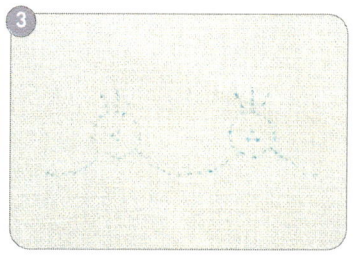

1. 도안 위에 시트를 올려놓고 연필이나 볼펜으로 베껴 그립니다.
2. 천 위에 그 시트를 올려놓고, 초크펜으로 ①에서 베껴 그린 선을 덧그리면 도안을 점선 상태로 옮겨 그릴 수 있습니다.
3. 위치를 조금 옮기고, 같은 방법으로 초크펜을 사용해서 베껴 그립니다.

자수의 시작과 마무리 방법

자수에서는 천에 매듭을 남기지 않습니다. 수를 다 놓았으면 천의 안쪽에 수놓은 자수실에 끼워 넣어 마무리합니다.

★ 면을 메우는 자수의 경우

① 수놓을 곳으로부터 바늘 길이의 2~3배 정도 떨어진 위치에 겉에서 바늘을 넣습니다.

② 이 경우에는 새틴스티치이기 때문에 중심부터 수놓아 나갑니다(새틴스티치를 놓는 방법은 30페이지 참조).

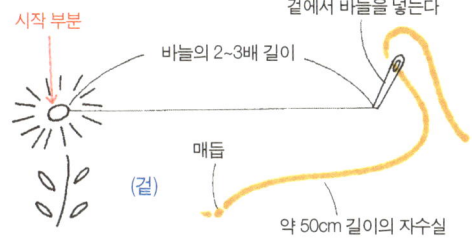
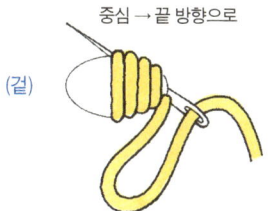

③ 마무리를 지을 때는 천 안쪽으로 바늘을 넣습니다.

④ 안쪽으로 나와 있는 실 밑으로 바늘을 끼웁니다.

⑤ 끝 부분의 1~2가닥을 남기고, 되돌아와서 한 번 더 바늘을 끼웁니다.

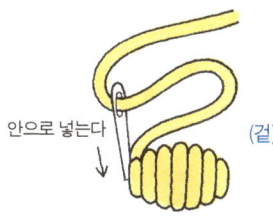

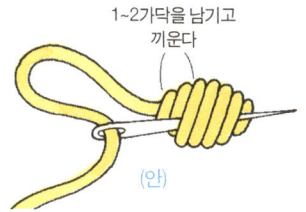

⑥ 실을 자릅니다.

⑦ 시작 부분의 매듭을 잘라냅니다.

⑧ 시작 부분의 실을 천 안쪽으로 빼내고, 바늘에 꿰어서 ④, ⑤와 같은 방법으로 마무리하고 실을 자릅니다.

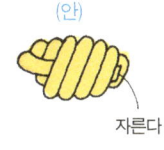

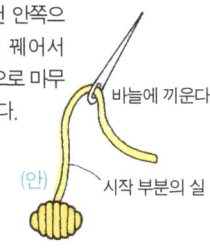

★ 선을 수놓을 경우

시작 방법은 면을 메우는 자수와 같습니다. 마무리할 때는 천 안쪽에서 실을 끼워 넣어 매듭을 만듭니다. 천 안쪽의 실에 여러 번 감은 다음 실을 자릅니다.

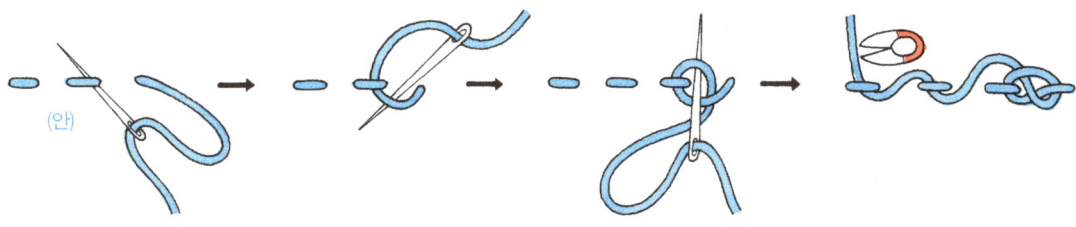

17

수를 놓아봅시다

★ 꽃자수

· 실물 크기의 자수 도안

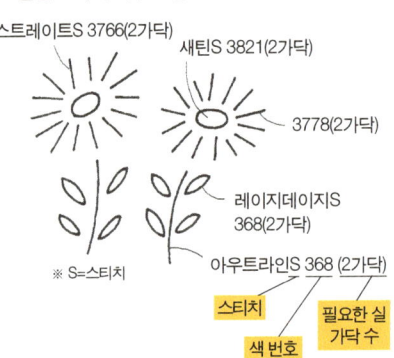

스트레이트S 3766(2가닥)
새틴S 3821(2가닥)
3778(2가닥)
레이지데이지S 368(2가닥)
아웃라인S 368 (2가닥)

※ S=스티치

스티치
색 번호
필요한 실 가닥 수

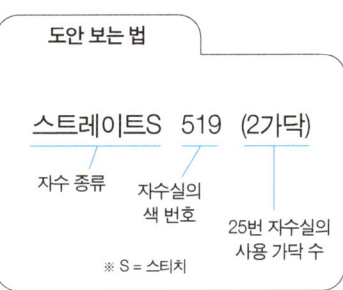

도안 보는 법

스트레이트S　519　(2가닥)

자수 종류 ／ 자수실의 색 번호 ／ 25번 자수실의 사용 가닥 수

※ S = 스티치

1. 꽃 중심 수놓기

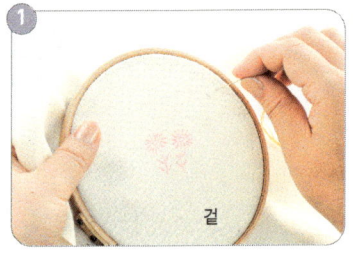

① 도안을 옮긴 천을 수틀에 끼우고(15페이지 참조), 겉에서 바늘을 넣습니다.

② 꽃 중심부터 수를 놓습니다. 천의 겉에서 안으로 바늘을 수직으로 찔러 넣습니다.

③ 안쪽에서 바늘을 잡고 실을 뽑습니다. 한 땀씩 바늘을 찔러 넣고 실을 뽑아가며 수놓는 방법(업다운 방식)으로 하면 더욱 깔끔하게 마무리할 수 있습니다.

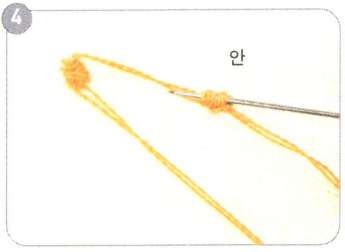

④ 남은 꽃심도 계속해서 수를 놓습니다. 가까운 위치의 도안을 수놓을 때는 실을 자르지 않고 계속해서 수를 놓습니다. 마무리는 안에서 실 처리를 합니다(19페이지 참조).

⑤ 꽃심의 자수를 완성한 모습.

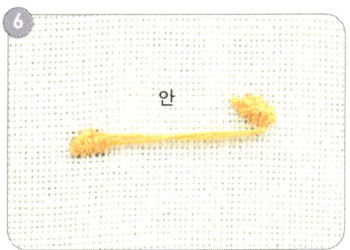

⑥ 안에서 본 모습. 이어진 실은 그대로 둡니다.

2. 꽃 수놓기

 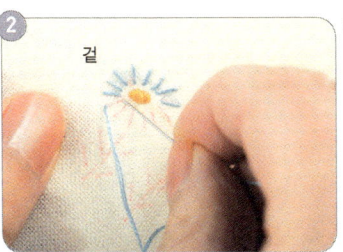 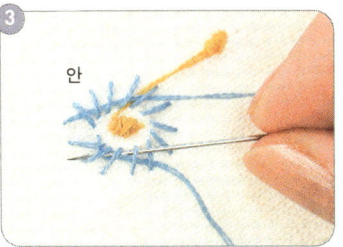

꽃을 수놓았을 때 안쪽에서 실을 고정할 위치를 고려하여 천의 겉에서 바늘을 넣어 안에서 바늘을 빼냅니다.

꽃을 수놓습니다.

마무리할 때는 안에서 꽃에 실을 몇 번 정도 꿴 다음 자릅니다. 시작 부분도 같은 방법으로 처리합니다.

3. 줄기와 잎 수놓기

줄기, 잎의 순으로 수를 놓습니다. 줄기는 위에서 아래를 향해 수놓습니다.

이어서 아래의 잎을 수놓은 다음 위의 잎을 수놓습니다.

왼쪽 꽃의 자수를 완성한 모습. 계속해서 오른쪽 꽃의 줄기와 잎을 수놓습니다.

마무리할 때는 안의 실에 꿰어 한 번 매듭을 짓고, 여러 번 묶은 다음 실을 자릅니다.

마지막으로 도안을 지웁니다. 물붓이나 물에 적신 면봉 등을 사용해서 복사지의 선을 지웁니다. 완전히 마르면 다림질합니다.

작품 세탁과 다림질

울 세탁 세제를 푼 물에 담가서 손으로 살살 흔들며 세탁합니다. 약하게 탈수하고, 다림질은 작품 뒷면에 합니다. 작품을 뒤집어놓고, 물에 적셨다가 물기를 꽉 짠 손수건을 올려 겹쳐놓고 다림질합니다. 그런 후에 손수건을 빼고 한 번 더 다림질해 마무리합니다.

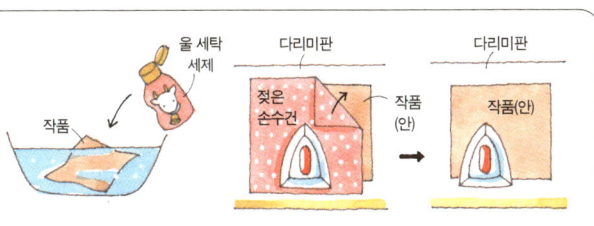

이 책에서 사용한 스티치

각 스티치의 자수 기법은 해당 페이지에 알기 쉽게 설명해놓았습니다.

※ 이 페이지의 실물 크기 도안은 64페이지에 있습니다.

 ## 기본 스티치 시작하기

아주 쉬운 러닝스티치부터 자주 사용하는 아우트라인스티치,
사랑스러움이 물씬 풍기는 레이지데이지스티치와
십자수로 잘 알려진 크로스스티치까지 23개의 스티치 방법을 모았습니다.
실물 크기의 사진과 일러스트를 이용해 친절하고 자세하게 설명했습니다.
여러 가지 스티치를 활용해서 수놓은 작품과 귀여운 도안을 만나보세요.

01 러닝스티치

가장 기본이 되는 스티치입니다. 단순한 선을 나타내기 좋고 매치하면 무늬도 만들 수 있습니다.

✿ 바늘땀

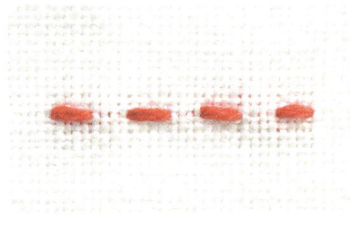

✿ 실물 크기의 실 가닥수와 굵기

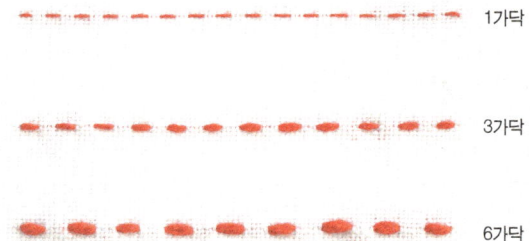

1가닥

3가닥

6가닥

✿ 수놓는 방법

오른쪽에서 왼쪽 방향으로 놓아간다.

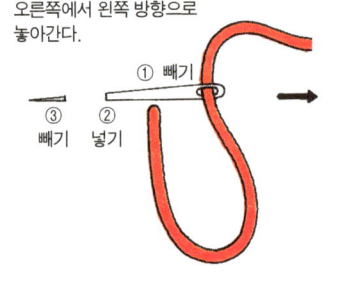
③ 빼기 ② 넣기 ① 빼기

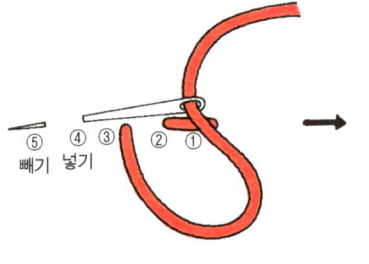
⑤ 빼기 ④ ③ 넣기 ② ①

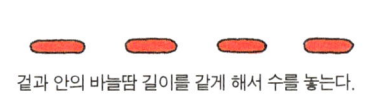
겉과 안의 바늘땀 길이를 같게 해서 수를 놓는다.

곡선의 경우

✿ 러닝스티치를 활용한 도안

백스티치 _ 23페이지 | 롱앤드쇼트스티치 _ 31페이지 | 새틴스티치 _ 30페이지

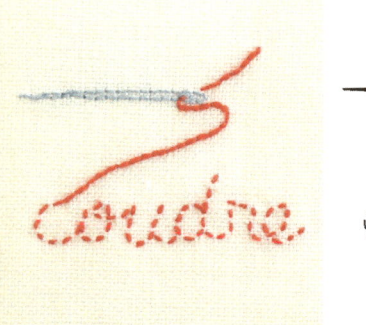

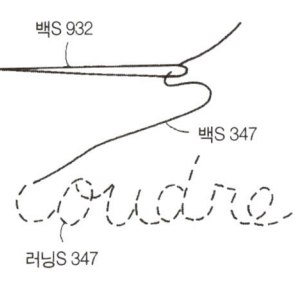
백S 932
백S 347
러닝S 347
※ 모두 2가닥, S = 스티치

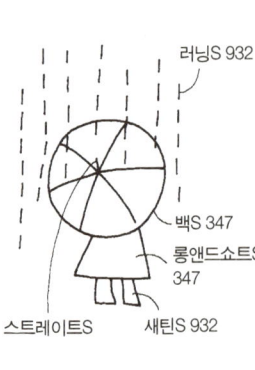
러닝S 932
백S 347
롱앤드쇼트S 347
스트레이트S
새틴S 932
※ 모두 2가닥, S = 스

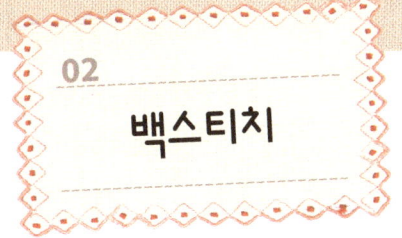

02 백스티치

뚜렷하고 가느다란 라인을 표현할 때 사용하는 스티치입니다.
바늘땀은 가지런히 하는 편이 보기 좋지만 조금 비뚤어도 나름대로 멋스럽습니다.

❀ 바늘땀

❀ 실물 크기의 실 가닥수와 굵기

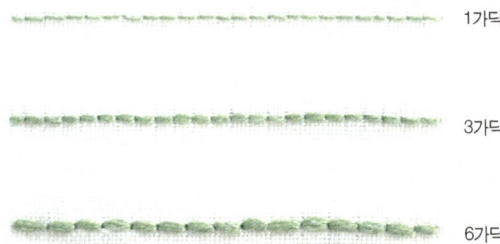

1가닥

3가닥

6가닥

❀ 수놓는 방법

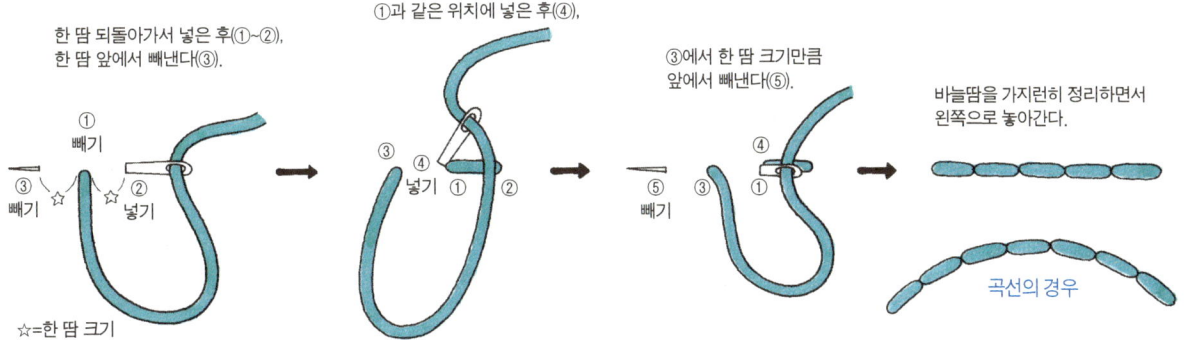

❀ 백스티치를 활용한 도안

스트레이트스티치 _ 24페이지 | 레이지데이지스티치 _ 26페이지 | 프렌치너트스티치 _ 32페이지

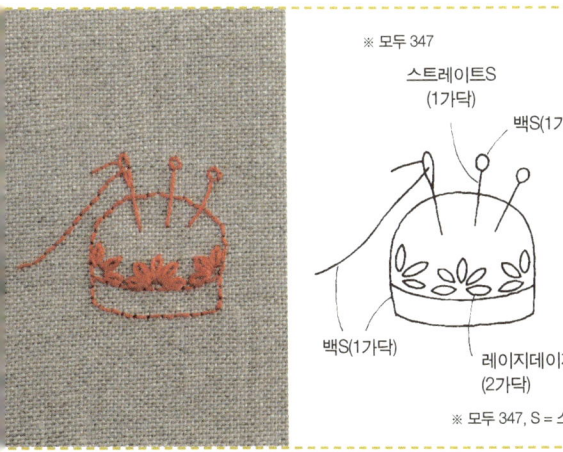

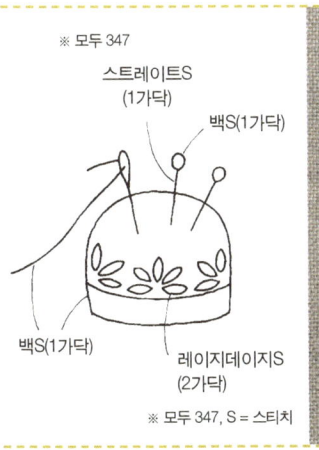

※ 모두 347
스트레이트S (1가닥)
백S(1가닥)
백S(1가닥)
레이지데이지S (2가닥)
※ 모두 347, S = 스티치

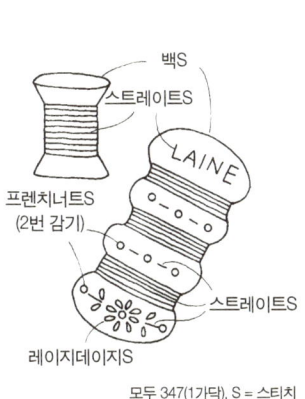

백S
스트레이트S
프렌치너트S (2번 감기)
스트레이트S
레이지데이지S
모두 347(1가닥), S = 스티치

23

03 스트레이트스티치

짧은 라인을 표현하기 좋고, 다른 스티치와 매치하면 복잡한 무늬도 쉽게 수놓을 수 있는 기본 스티치입니다. 실이 흐트러지지 않게 가지런히 모아서 수를 놓습니다.

❋ 바늘땀

❋ 실물 크기의 실 가닥수와 굵기

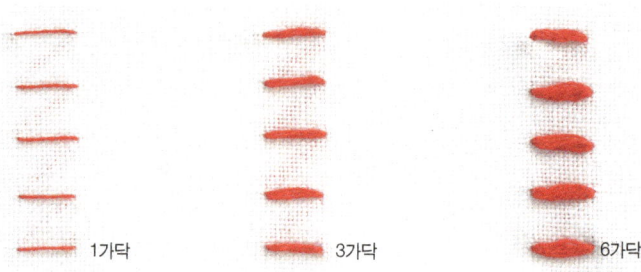

1가닥 / 3가닥 / 6가닥

❋ 수놓는 방법

실을 한 땀 놓는다(①~②).

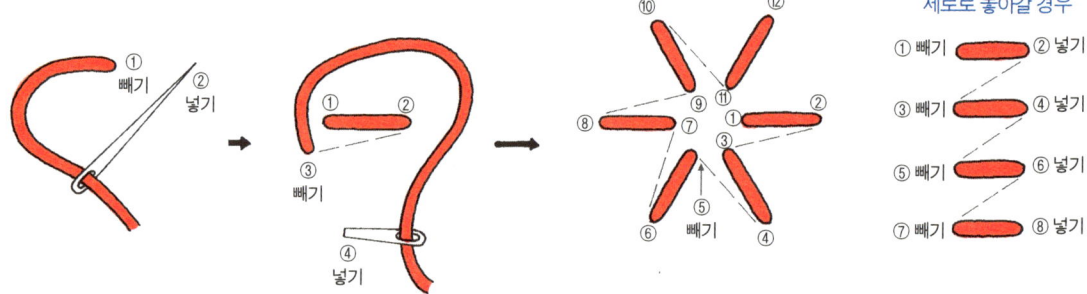

세로로 놓아갈 경우

❋ 스트레이트스티치를 활용한 도안

아우트라인스티치 _ 25페이지 | 새틴스티치 _ 30페이지 | 레이지데이지스티치 _ 26페이지

※ 모두 3가닥, S = 스티치

04 아우트라인스티치

선명하고 뚜렷한 라인을 표현할 수 있는 스티치입니다.
바늘땀을 촘촘히 해서 깔끔하게 곡선을 수놓을 수도 있고,
수를 늘어놓아 면을 메울 수도 있습니다.

❋ 바늘땀

❋ 실물 크기의 실 가닥수와 굵기

1가닥

3가닥

6가닥

❋ 수놓는 방법

한 땀 수놓은 후 ①~②, 중간까지 돌아와서 ③ 비스듬히 겹쳐가며 수를 놓는다.

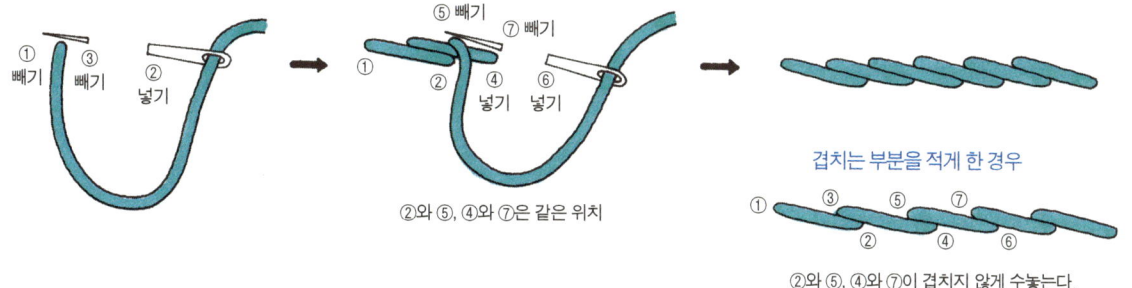

②와 ⑤, ④와 ⑦은 같은 위치

겹치는 부분을 적게 한 경우

②와 ⑤, ④와 ⑦이 겹치지 않게 수놓는다.

❋ 아우트라인스티치를 활용한 도안

레이지데이지스티치 _ 26페이지 | 프렌치너트스티치 _ 32페이지

프렌치너트S 932
레이지데이지S 3753
아우트라인S 644
레이지데이지S 3013
프렌치너트S 932
아우트라인S 932

※ 모두 2가닥, S = 스티치

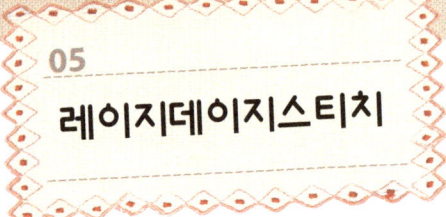

05 레이지데이지스티치

꽃잎이나 작은 잎을 간단히 수놓을 수 있는 사랑스러운 스티치입니다. 실의 굵기와 당기는 정도, 바늘땀의 길이에 따라 가늘거나 둥글게 수놓을 수도 있습니다.

❋ 바늘땀

❋ 실물 크기의 실 가닥수와 굵기

1가닥　　3가닥　　6가닥

❋ 수놓는 방법

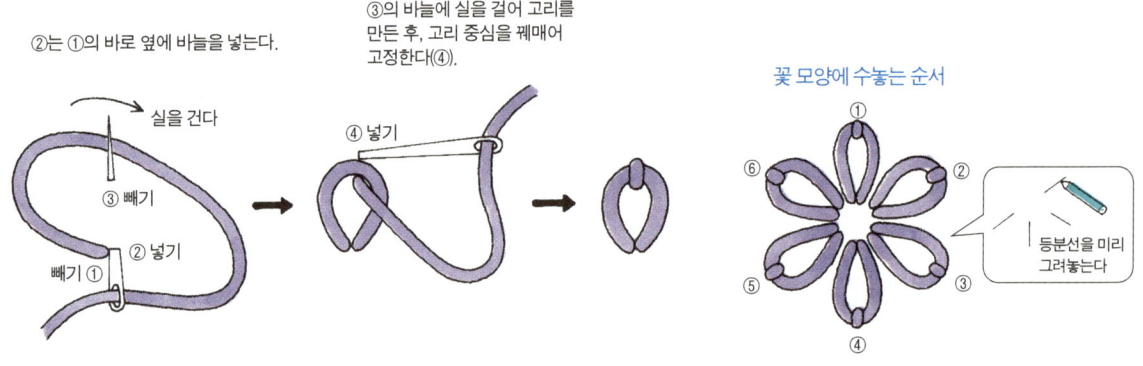

❋ 레이지데이지스티치를 활용한 도안

프렌치너트스티치 _ 32페이지 | 체인스티치 _ 34페이지 | 아웃라인스티치 _ 25페이지

※ 모두 2가닥, S = 스티치

06 더블레이지데이지스티치

실을 당기는 정도와 실 색상을 바꾸기만 해도
다양한 꽃잎을 표현할 수 있는 섬세한 기법의 스티치입니다.
세 겹으로 겹치면 트리플레이지데이지스티치도 가능합니다.

❋ 바늘땀

❋ 실물 크기의 실 가닥수와 굵기

1가닥 　　　 3가닥 　　　 색을 바꾼 경우

❋ 수놓는 방법

레이지데이지스티치 안에 레이지데이지스티치를 하나 더 놓는다.

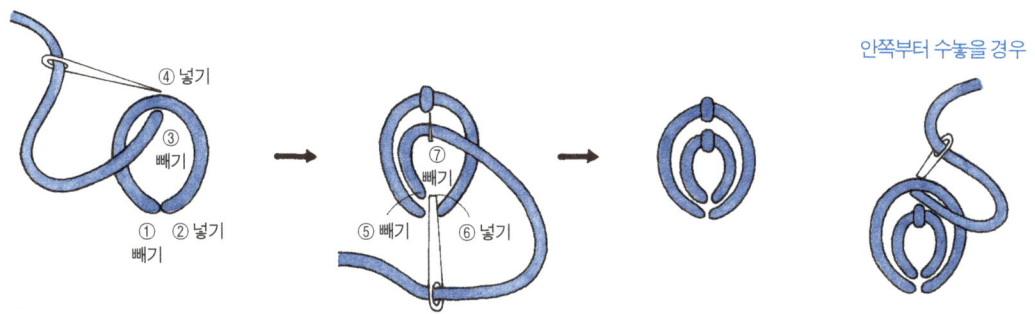

안쪽부터 수놓을 경우

❋ 더블레이지데이지스티치를 활용한 도안

레이지데이지스티치 _ 26페이지 | 아우트라인스티치 _ 25페이지
프렌치너트스티치 _ 32페이지 | 페더스티치 _ 36페이지

819
777
레이지데이지S 819
928
924
928
아우트라인S　　더블레이지데이지S
924(2가닥)
※ 지정 외 3가닥, S = 스티치

더블레이지데이지S 　　 레이지데이지S
778
(3가닥)　　　　　　　　 페더S 924
777
프렌치너트S 777
(2가닥, 2번 감기)
※ 지정 외 2가닥, S = 스티치

27

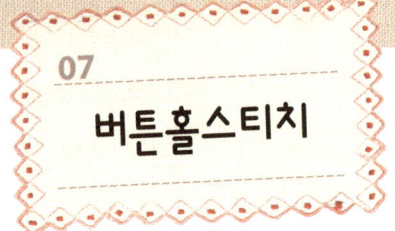

07 버튼홀스티치

블랭킷스티치라고도 하며, 가장자리 감침질할 때 유용합니다. 수놓는 간격이나 방향을 바꾸거나 다른 스티치와 매치해서 매력적인 무늬를 만들 수 있습니다.

✿ 바늘땀

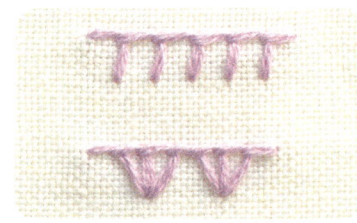

✿ 실물 크기의 실 가닥수와 굵기

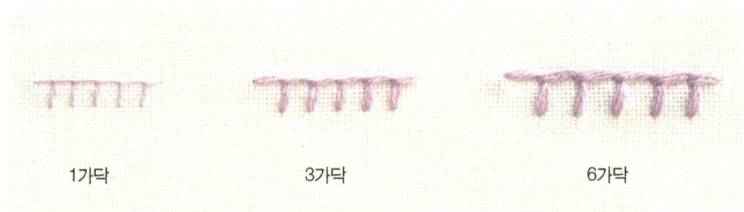

1가닥   3가닥   6가닥

✿ 수놓는 방법

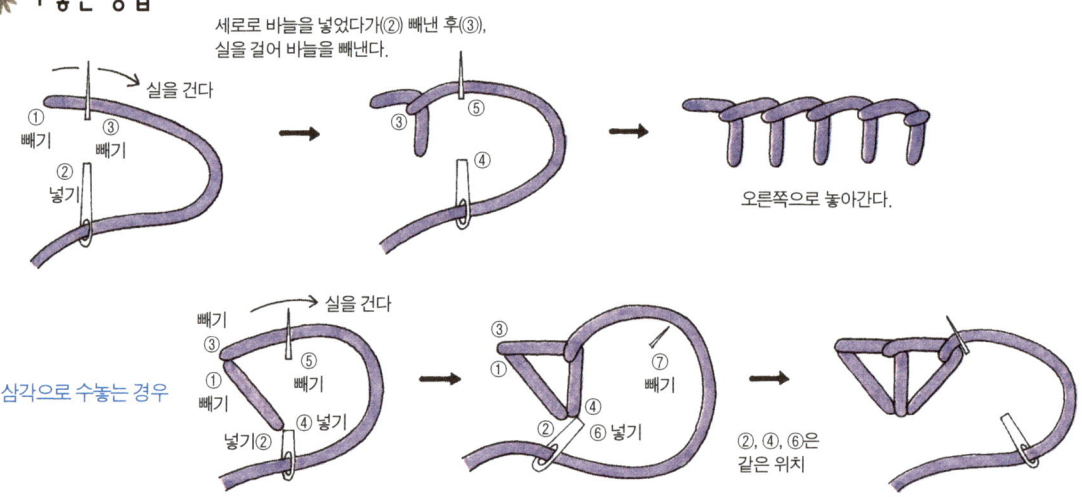

✿ 버튼홀스티치를 활용한 도안

레이지데이지스티치 _ 26페이지 | 프렌치너트스티치 _ 32페이지

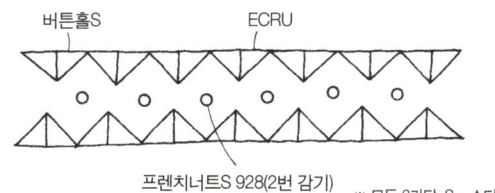

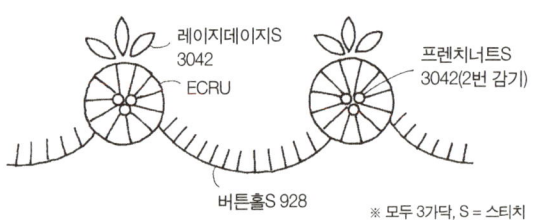

08 플라이스티치

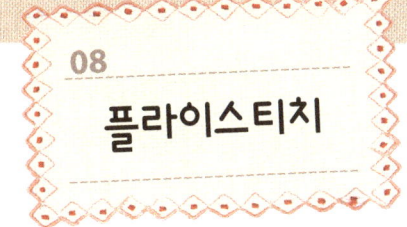

흩어놓으면 마치 곤충이나 새가 날아다니는 모습처럼 보이는
응용 범위가 넓은 스티치입니다.
계속해서 촘촘히 수놓아 가면 면을 메울 수 있습니다.

❋ 바늘땀

❋ 실물 크기의 실 가닥수와 굵기

1가닥   3가닥   6가닥

❋ 수놓는 방법

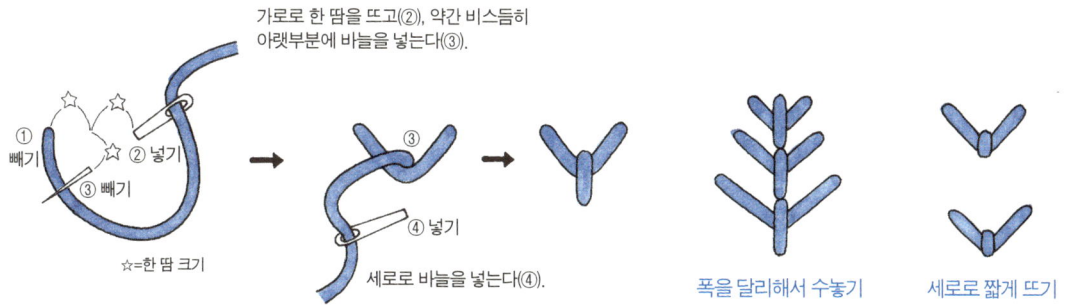

❋ 플라이스티치를 활용한 도안

스트레이트스티치 _ 24페이지

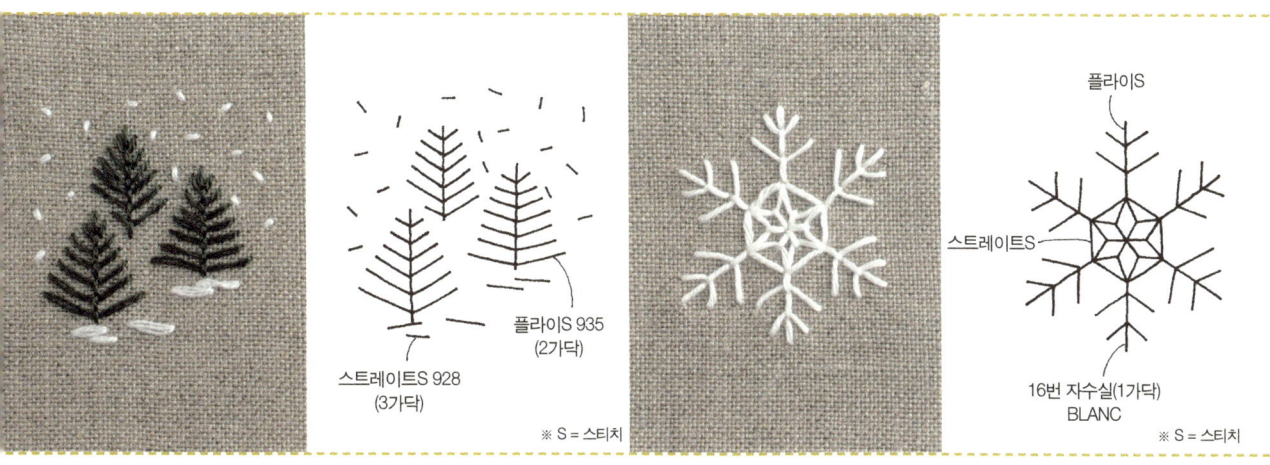

09 새틴스티치

면을 메우는 스티치입니다. 먼저 기준이 되는 선을 수놓은 다음 너무 빽빽하지 않을 정도로 실을 평행하게 늘어놓듯 수놓으면 깔끔하게 마무리할 수 있습니다.

❋ 바늘땀

❋ 실물 크기의 실 가닥수와 굵기

1가닥 / 3가닥 / 5번 자수실

❋ 수놓는 방법

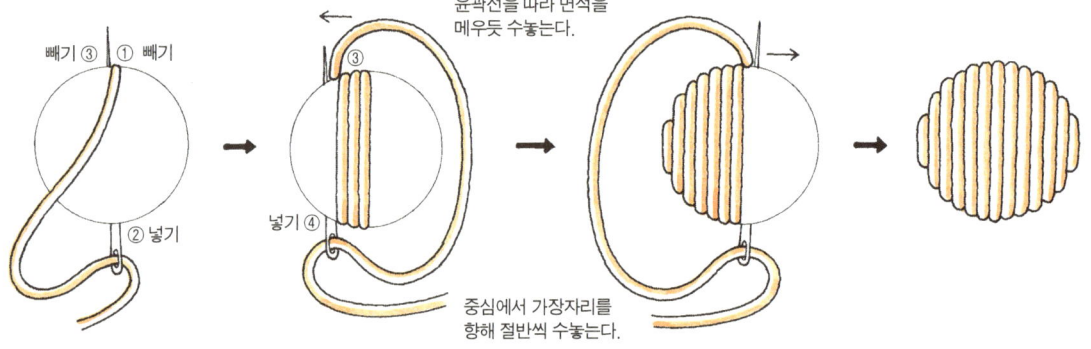

윤곽선을 따라 면적을 메우듯 수놓는다.
중심에서 가장자리를 향해 절반씩 수놓는다.

❋ 새틴스티치를 활용한 도안

카우칭스티치 _ 33페이지 | 스트레이트스티치 _ 24페이지 | 러닝스티치 _ 22페이지

카우칭S
새틴S 3790
새틴S 3821
스트레이트S 3790
러닝S 3790

※ 모두 2가닥, S = 스티치

10 롱앤드쇼트스티치

넓은 면을 메울 수 있는 스티치로, 단마다 색을 바꾸면 자연스러운 그러데이션을 표현할 수 있습니다.
선의 가장자리는 약간 겹쳐서 수놓아도 좋습니다.

❋ 바늘땀

❋ 실물 크기의 실 가닥수와 굵기

1가닥 / 3가닥 / 5번 자수실

❋ 수놓는 방법

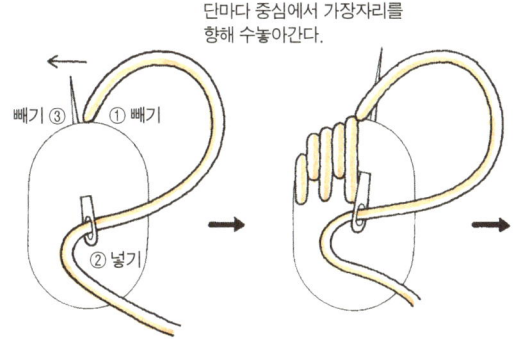

단마다 중심에서 가장자리를 향해 수놓아간다.
빼기 ③ / ① 빼기 / ② 넣기

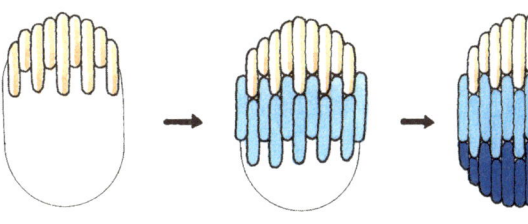

새틴스티치와 같은 요령으로, 실의 길이를 달리하며 수놓는다.

❋ 롱앤드쇼트스티치를 활용한 도안

스트레이트스티치 _ 24페이지 | 새틴스티치 _ 30페이지 | 백스티치 _ 23페이지

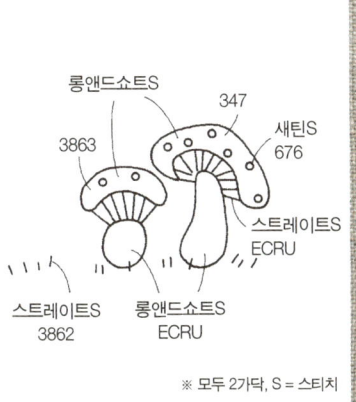

롱앤드쇼트S 3863 / 347 / 새틴S 676 / 스트레이트S ECRU / 스트레이트S 3862 / 롱앤드쇼트S ECRU

※ 모두 2가닥, S = 스티치

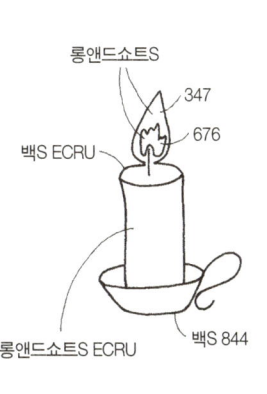

롱앤드쇼트S / 347 / 676 / 백S ECRU / 롱앤드쇼트S ECRU / 백S 844

※ 모두 2가닥, S = 스티치

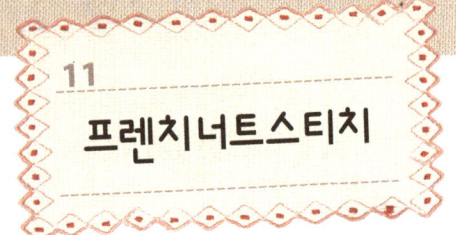

11 프렌치너트스티치

실 가닥수와 바늘에 감는 횟수, 바늘의 굵기에 따라 매듭의 크기가 달라집니다. 특히 바늘의 굵기에 따라 느낌이 더욱 달라지니 다양하게 시도해보세요.

❀ 바늘땀

❀ 실물 크기의 실 가닥수와 굵기

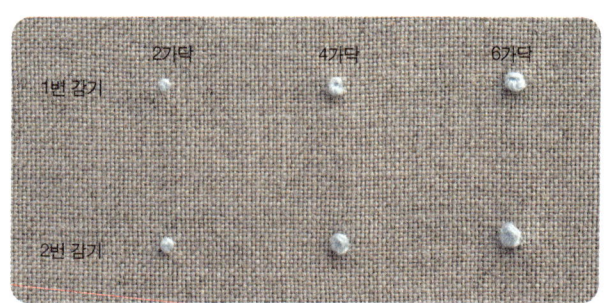

❀ 수놓는 방법

바늘에 실을 감고, ①의 바로 옆에 바늘을 넣어(②) 매듭을 만든다.

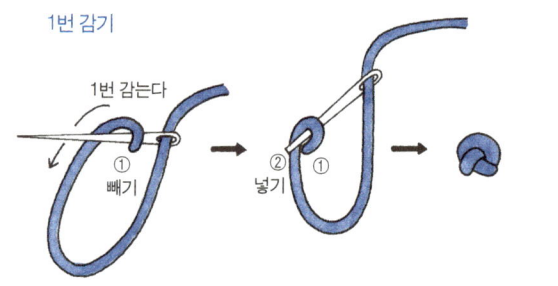

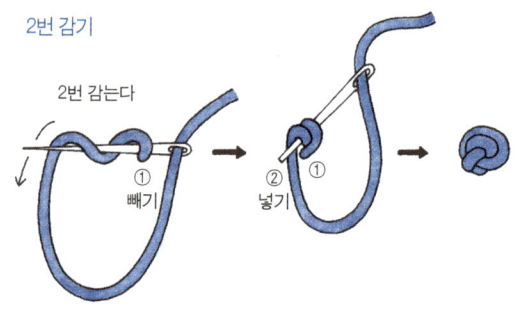

❀ 프렌치너트스티치를 활용한 도안

러닝스티치 _ 22페이지 / 레이지데이지스티치 _ 26페이지

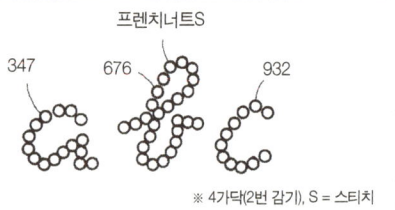

※ 4가닥(2번 감기), S = 스티치

12 카우칭스티치

털실이나 마사, 모직물로 된 긴 실 등 다양한 실을 사용할 수 있습니다. 폭신폭신한 털실을 꿰매어 고정하면 양 모티브 등을 효과적으로 표현할 수 있습니다.

❋ 바늘땀

❋ 실물 크기의 실 가닥수와 굵기

A실··1가닥
B실··1가닥

A실··3가닥
B실··1가닥

A실··6가닥
B실··1가닥

❋ 수놓는 방법

A실을 놓아둔 다음, B실을 A실 위로 꿰매어 고정하면서 수를 놓아간다.

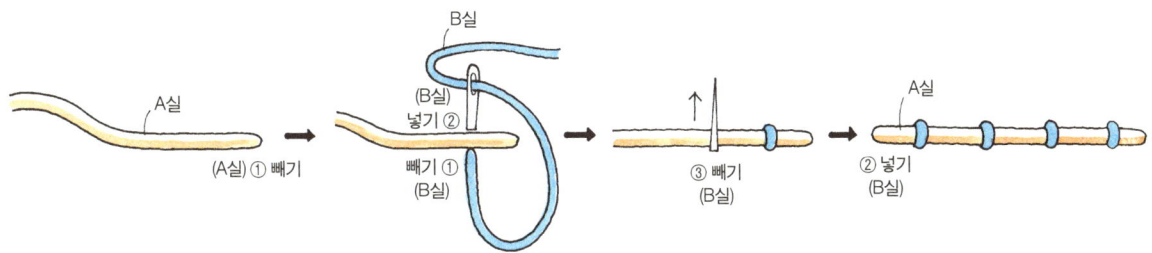

(A실) ① 빼기 → 빼기 ① (B실) / 넣기 ② (B실) → ③ 빼기 (B실) → ② 넣기 (B실)

❋ 카우칭스티치를 활용한 도안

카우칭S 347(6가닥)을 ECRU(1가닥)로 고정한다

카우칭S 347(4가닥)을 347(1가닥)로 고정한다

카우칭S 3782(4가닥)을 3782(1가닥)로 고정한다

※ S = 스티치

13 체인스티치

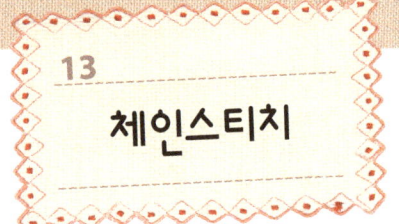

고리가 이어진 체인처럼 보이는 스티치입니다.
바늘땀을 길게 하면 샤프한 라인을 만들 수 있습니다.
곡선을 만들 때는 바늘땀을 촘촘히 하면
매끄러운 곡선을 만들 수 있습니다.

❋ 바늘땀   ❋ 실물 크기의 실 가닥수와 굵기

1가닥   3가닥   6가닥

❋ 수놓는 방법

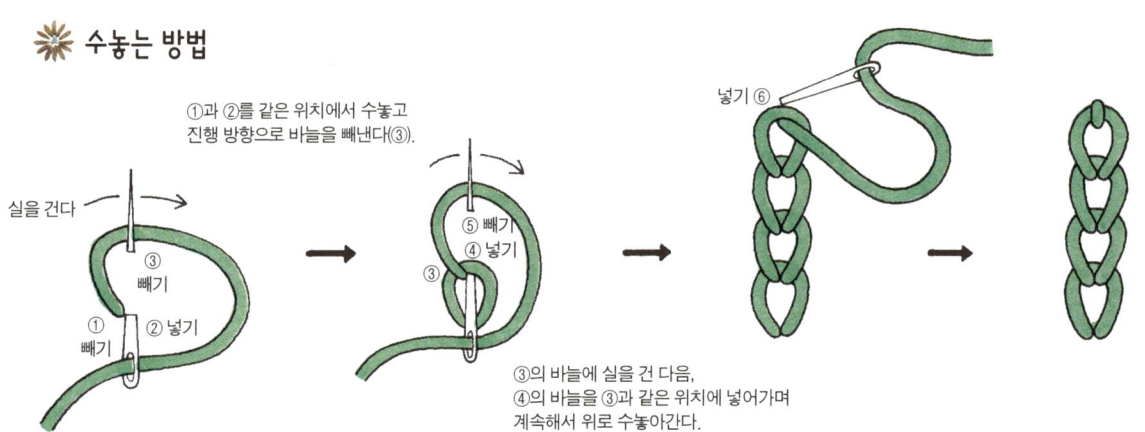

❋ 체인스티치를 활용한 도안

프렌치너트스티치 _ 32페이지 | 새틴스티치 _ 30페이지 | 아우트라인스티치 _ 25페이지

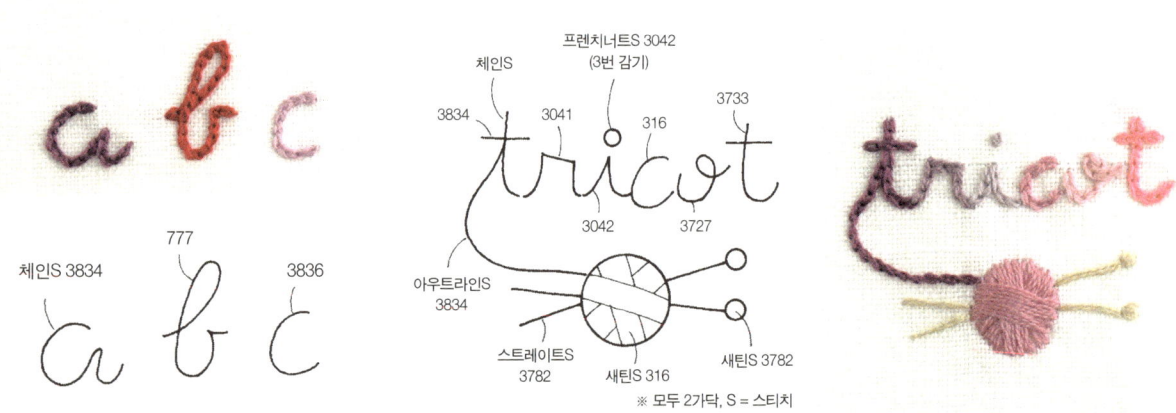

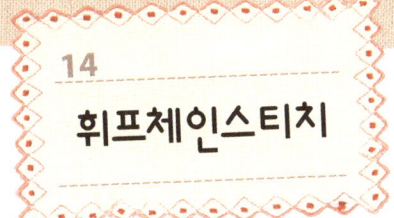

체인스티치를 수놓은 실에 다른 색상의 실을 감아나가는 스티치입니다.
앤티크풍의 라인을 쉽게 수놓을 수 있어서 이니셜 자수에 적합합니다.

❀ 바늘땀

❀ 실물 크기의 실 가닥수와 굵기

1가닥 　　　 3가닥 　　　 6가닥

❀ 수놓는 방법

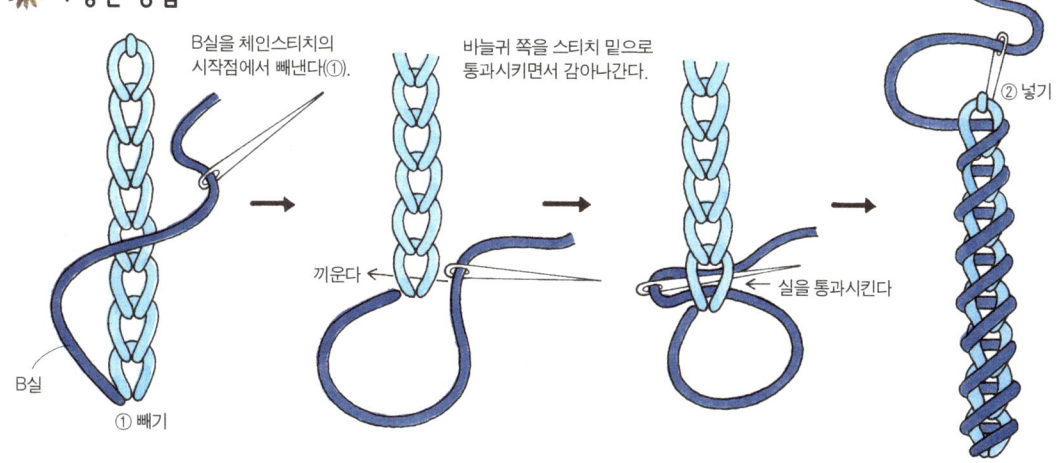

B실을 체인스티치의 시작점에서 빼낸다(①).
B실　① 빼기

바늘귀 쪽을 스티치 밑으로 통과시키면서 감아나간다.
끼운다

실을 통과시킨다

② 넣기

❀ 휘프체인스티치를 활용한 도안

체인스티치 _ 34페이지

휘프체인S
347에 347을 감아준다

347에 BLANC를 감아준다

BLANC에 BLANC를 감아준다

※ 모두 2가닥, S = 스티치

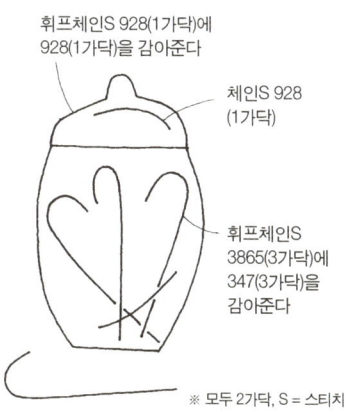

휘프체인S 928(1가닥)에 928(1가닥)을 감아준다

체인S 928 (1가닥)

휘프체인S 3865(3가닥)에 347(3가닥)을 감아준다

※ 모두 2가닥, S = 스티치

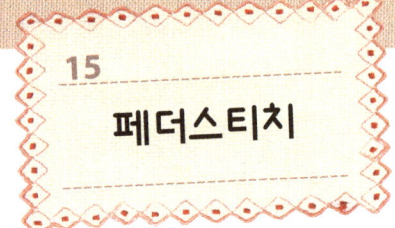

15 페더스티치

바늘땀의 간격이나 경사 각도를 일정하게 하면 깔끔하게 마무리할 수 있습니다.

❋ 바늘땀

❋ 실물 크기의 실 가닥수와 굵기

1가닥　　　3가닥　　　6가닥

❋ 수놓는 방법

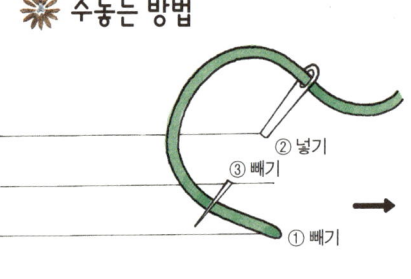

삼등분으로 선을 그은 다음, 절반씩 비스듬히 왼쪽으로 이동하며 수놓아간다. 마무리할 때는 중심선을 꿰매어 고정한다.

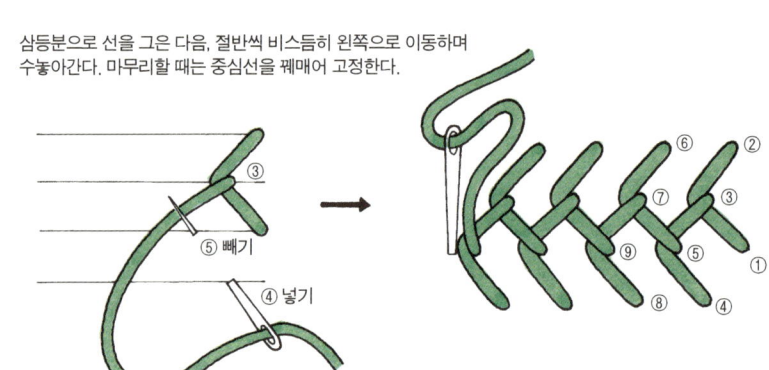

❋ 러닝스티치를 활용한 도안

아우트라인스티치 _ 25페이지　　프렌치너트스티치 _ 32페이지
레이지데이지스티치 _ 26페이지　　스트레이트스티치 _ 24페이지

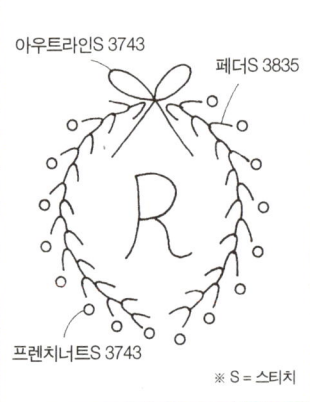

아우트라인S 3743　　페더S 3835

R

프렌치너트 3743

※ S = 스티치

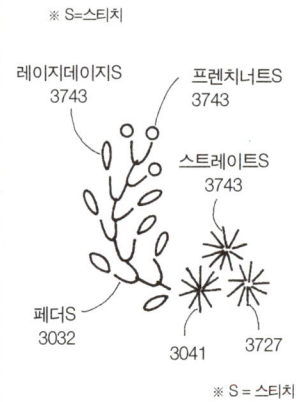

※ S=스티치

레이지데이지S 3743　　프렌치너트S 3743

스트레이트S 3743

페더S 3032　　3041　　3727

※ S = 스티치

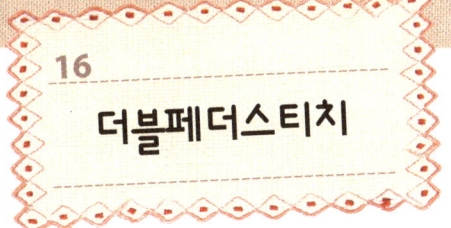

16 더블페더스티치

아동복이나 리넨의 가장자리에 장식으로 많이 사용합니다.
바늘땀의 간격이나 각도를 일정하게 하면 깔끔하며
프렌치너트스티치와 잘 어울리는 스티치입니다.

❋ 바늘땀

❋ 실물 크기의 실 가닥수와 굵기

1가닥   3가닥   6가닥

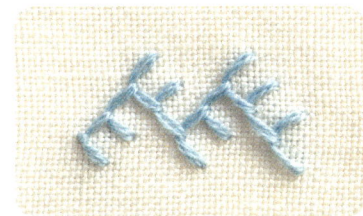

❋ 수놓는 방법

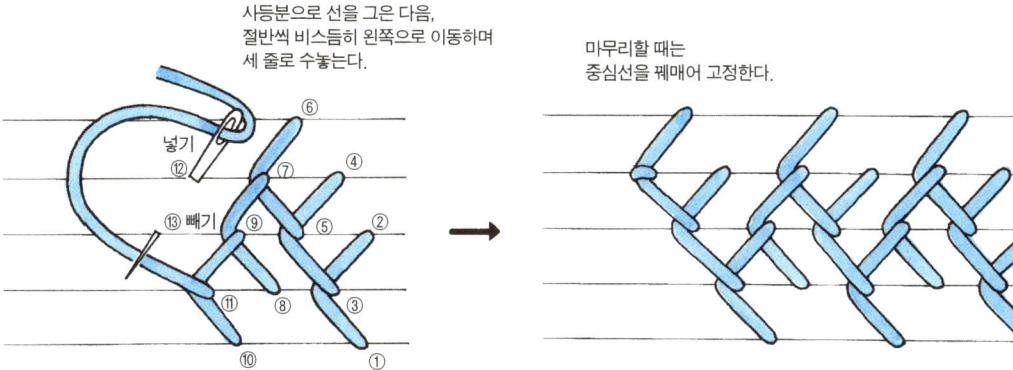

❋ 더블페더스티치를 활용한 도안

프렌치너트스티치 _ 32페이지

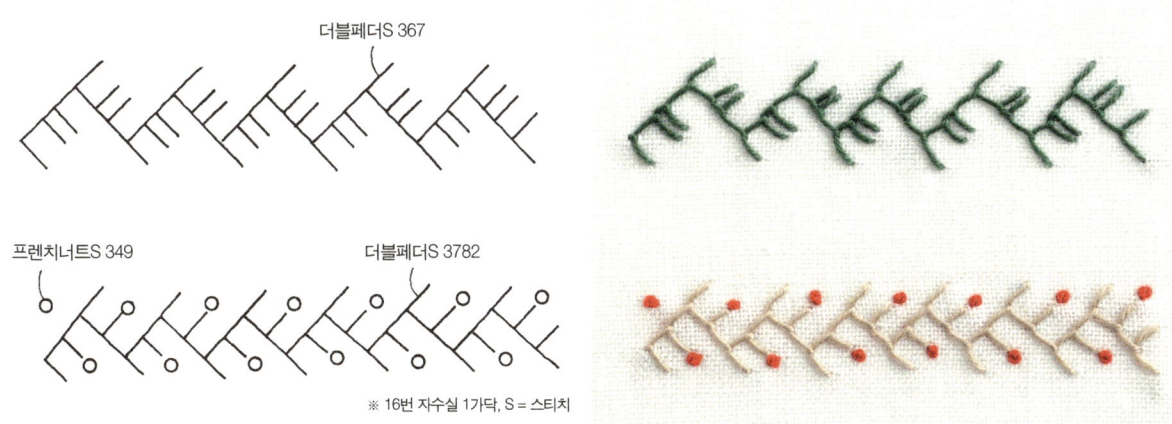

※ 16번 자수실 1가닥, S = 스티치

17 블리언스티치

꽃 모티브에 자주 사용하는 스티치입니다. 감은 실을 마지막까지 확실하게 엄지손가락으로 눌러두면 깔끔하게 마무리할 수 있습니다. 실 가닥수에 맞는 바늘보다 조금 가는 바늘을 사용하면 좋습니다.

✽ 바늘땀

✽ 실물 크기의 실 가닥수와 굵기

3가닥　　6가닥　　5번 자수실

✽ 수놓는 방법

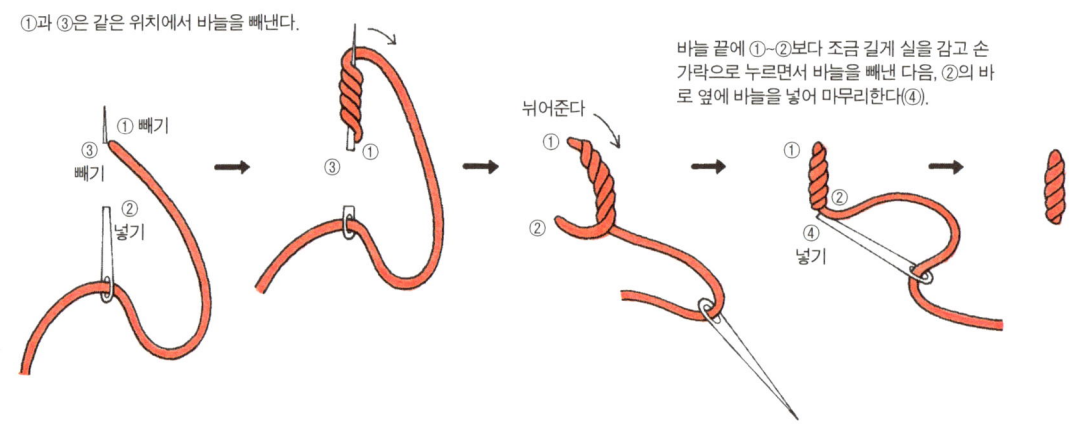

✽ 블리언스티치를 활용한 도안

아우트라인스티치 _ 25페이지 | 프렌치너트스티치 _ 32페이지
롱앤드쇼트스티치 _ 31페이지 | 백스티치 _ 23페이지 | 새틴스티치 _ 30페이지

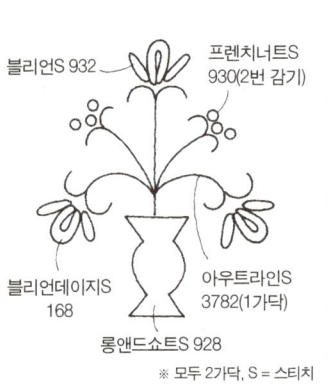

블리언S 932
프렌치너트S 930(2번 감기)
블리언데이지S 168
아우트라인S 3782(1가닥)
롱앤드쇼트S 928
※ 모두 2가닥, S = 스티치

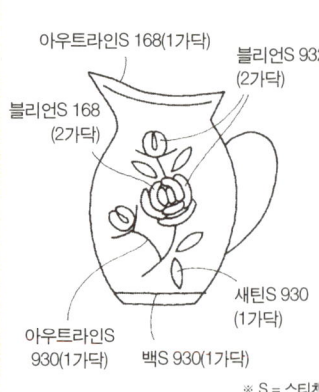

아우트라인S 168(1가닥)
블리언S 93(2가닥)
블리언S 168(2가닥)
새틴S 930(1가닥)
아우트라인S 930(1가닥)
백S 930(1가닥)
※ S = 스티치

18 블리언데이지스티치

블리언스티치를 둥글게 말아서 실로 꿰매어 고정하는 스티치입니다. 중심을 고정하는 실이 너무 당겨지지 않도록 주의하세요.

❋ 바늘땀

❋ 실물 크기의 실 가닥수와 굵기

3가닥 　 6가닥 　 5번 자수실

❋ 수놓는 방법

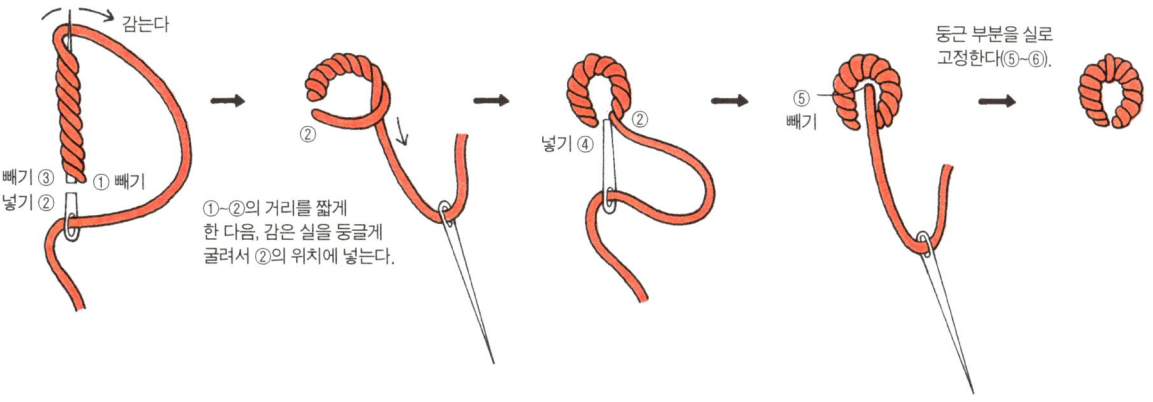

①~②의 거리를 짧게 한 다음, 감은 실을 둥글게 굴려서 ②의 위치에 넣는다.

둥근 부분을 실로 고정한다(⑤~⑥).

❋ 블리언데이지스티치를 활용한 도안

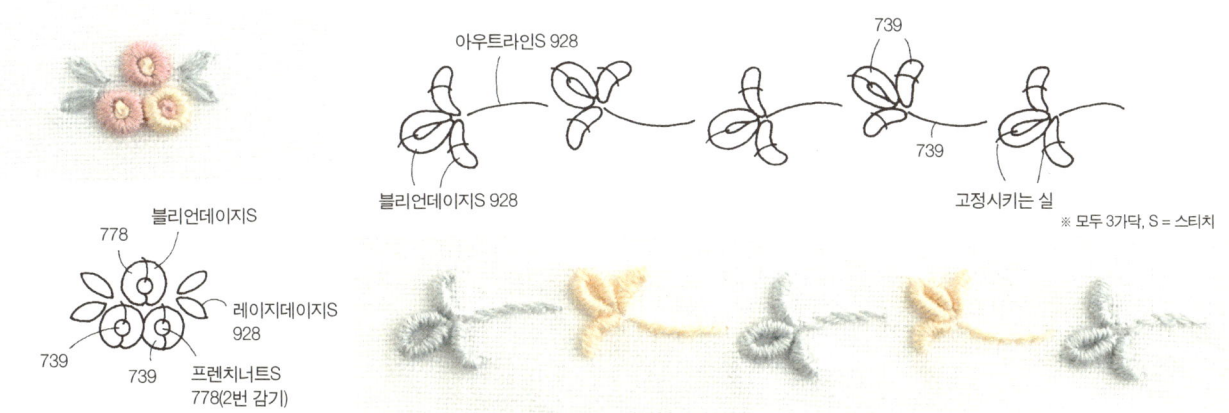

아우트라인S 928
블리언데이지S 928
고정시키는 실
739
※ 모두 3가닥, S = 스티치

블리언데이지S
778
레이지데이지S 928
프렌치너트S 778(2번 감기)
739

19 헤링본스티치

'청어의 뼈'라는 뜻을 지닌 재미난 이름의 스티치입니다.
다른 스티치와 매치해서 다양한 라인무늬를 만들어낼 수 있어 쓰임새가 많은 스티치입니다.

❋ 바늘땀

❋ 실물 크기의 실 가닥수와 굵기

❋ 수놓는 방법

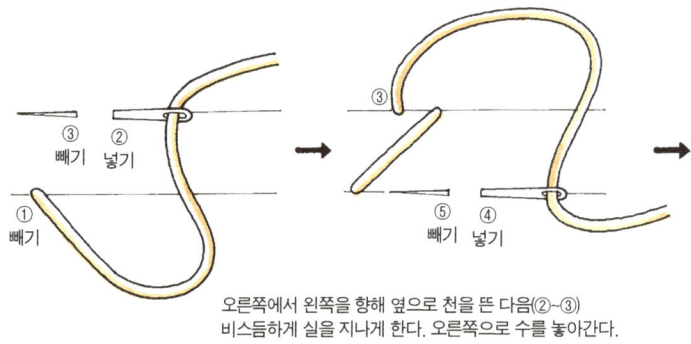

오른쪽에서 왼쪽을 향해 옆으로 천을 뜬 다음(②~③)
비스듬하게 실을 지나가게 한다. 오른쪽으로 수를 놓아간다.

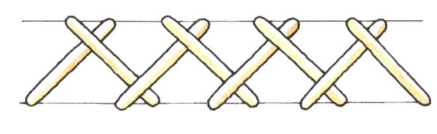

간격을 좁힌 경우

❋ 헤링본스티치를 활용한 도안

프렌치너트스티치 _ 32페이지 | 크로스스티치 _ 44페이지 | 러닝스티치 _ 22페이지

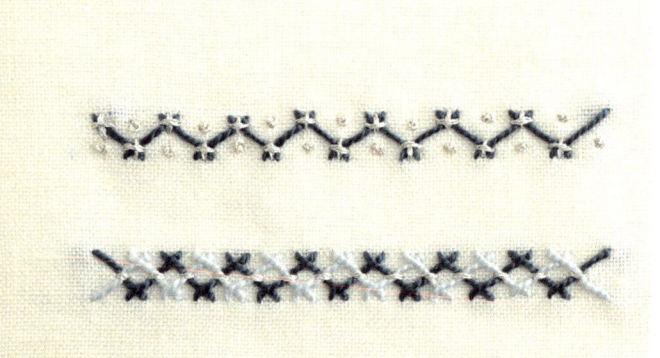
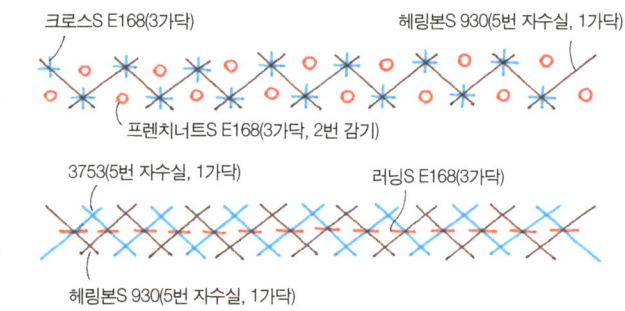

크로스S E168(3가닥)　　　　헤링본S 930(5번 자수실, 1가닥)
프렌치너트S E168(3가닥, 2번 감기)
3753(5번 자수실, 1가닥)　　　러닝S E168(3가닥)
헤링본S 930(5번 자수실, 1가닥)

※ S = 스티치

20 셰브론스티치

폭이 있는 심플한 라인을 만들 수 있는 스티치입니다.
다른 스티치와 매치하면 티롤리안 테이프처럼 매력 있는
라인무늬를 만들 수 있습니다.

❊ 바늘땀

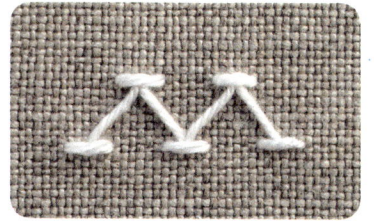

❊ 실물 크기의 실 가닥수와 굵기

16번 자수실   25번 자수실 3가닥   5번 자수실

❊ 수놓는 방법

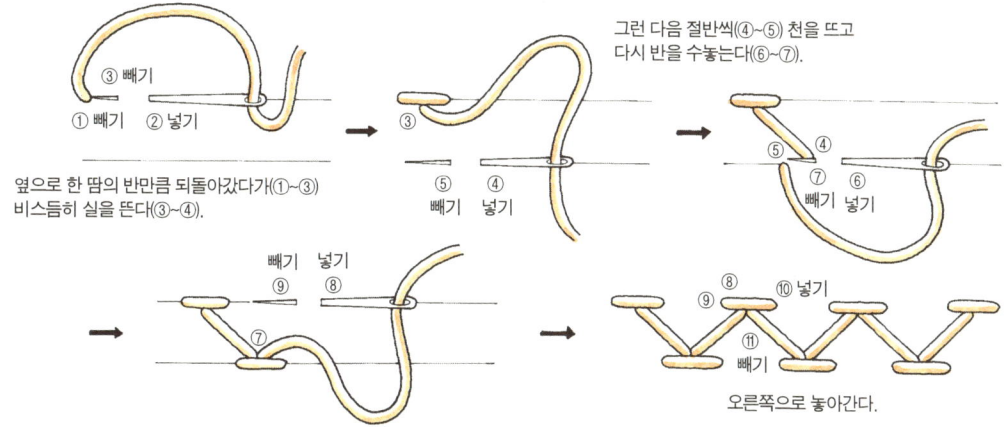

❊ 셰브론스티치를 활용한 도안

러닝스티치_ 22페이지 | 크로스스티치_ 44페이지

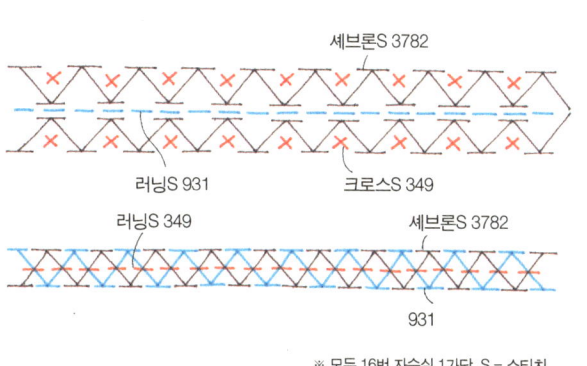

※ S=스티치

셰브론S 3782
러닝S 931
크로스S 349
러닝S 349
셰브론S 3782
931

※ 모두 16번 자수실 1가닥, S = 스티치

41

21 휘프스파이더스티치

거미줄 같은 심을 만들어 실을 감아나가는 입체적인 스티치입니다. 심 외에 십자수바늘을 사용하면 바늘 끝에서부터 심의 실을 뜰 수 있습니다.

🌼 바늘땀

🌼 실물 크기의 실 가닥수와 굵기

3가닥

6가닥

5번 자수실

🌼 수놓는 방법

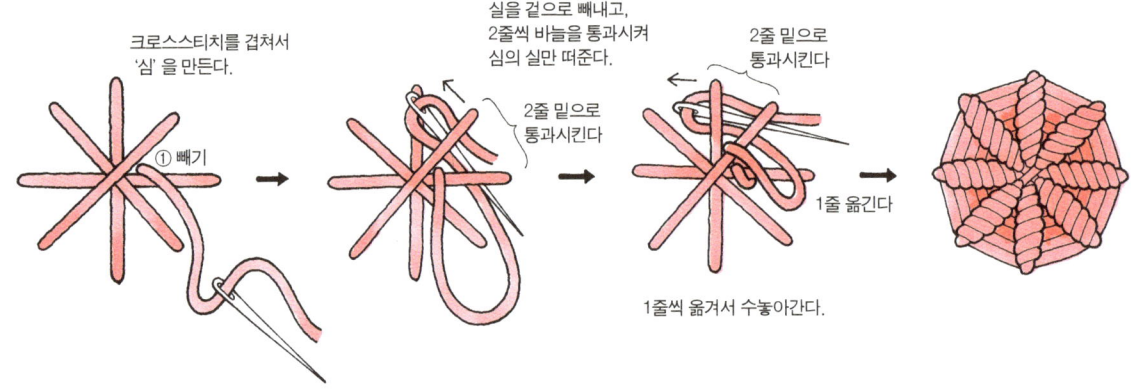

크로스스티치를 겹쳐서 '심' 을 만든다.
① 빼기

실을 겉으로 빼내고, 2줄씩 바늘을 통과시켜 심의 실만 떠준다.
2줄 밑으로 통과시킨다

2줄 밑으로 통과시킨다
1줄 옮긴다
1줄씩 옮겨서 수놓아간다.

🌼 휘프스파이더스티치를 활용한 도안

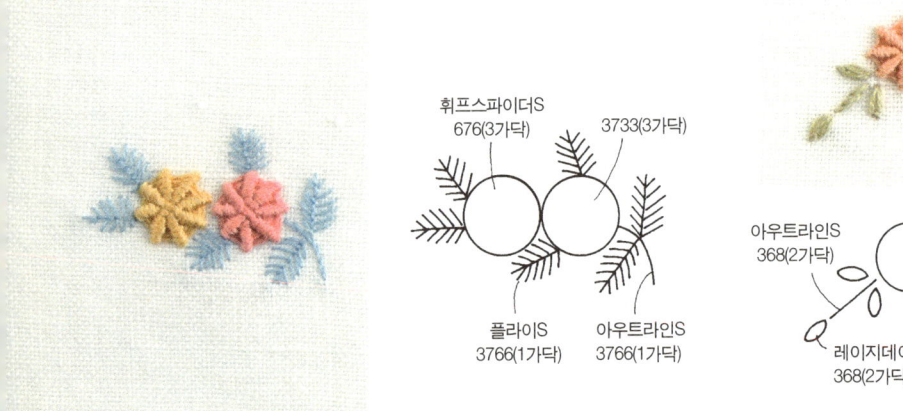

휘프스파이더S
676(3가닥)

3733(3가닥)

플라이S
3766(1가닥)

아우트라인S
3766(1가닥)

아우트라인S
368(2가닥)

휘프스파이더S
758(3가닥)

3733(3가닥)

레이지데이지S
368(2가닥)

676(3가닥)

※ S = 스티치

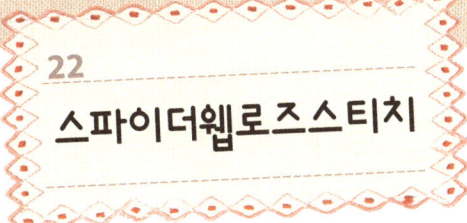

22 스파이더웹로즈스티치

25번 자수실로 심을 만들고, 빠져나가게 하는 실로는 자수용 리본이나 털실 등 굵은 실을 사용하면 장미꽃을 효과적으로 표현할 수 있습니다.

❋ 바늘땀

❋ 실물 크기의 실 가닥수와 굵기

4가닥

4번 자수실

울 자수실

❋ 수놓는 방법

스트레이트스티치로 심을 수놓는데, 홀수로 한다. 다른 실을 끼운 바늘을 겉으로 빼내어 심 1가닥 간격으로 바늘을 빠져나가게 하고, 심이 되는 실만 떠서 면을 메운다.

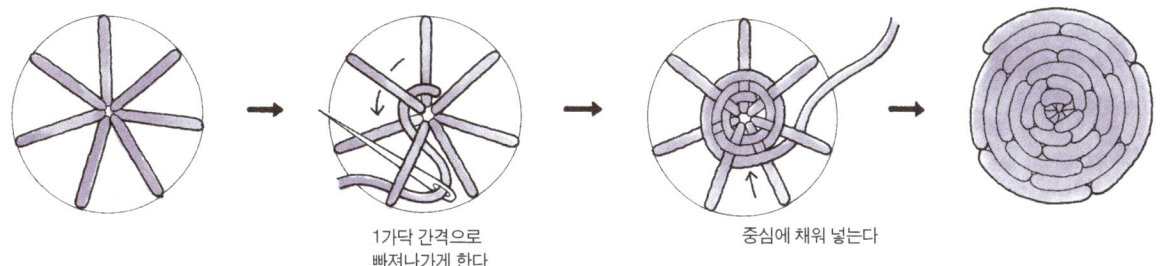

1가닥 간격으로 빠져나가게 한다 → 중심에 채워 넣는다

❋ 스파이더웹로즈스티치를 활용한 도안

새틴스티치 _ 30페이지 | 레이지데이지스티치 _ 26페이지
프렌치너트스티치 _ 32페이지

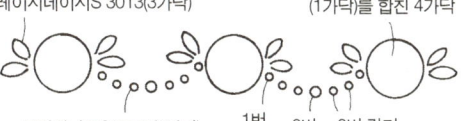

레이지데이지S 3013(3가닥)
스파이더웹로즈S 316(3가닥)과 ECRU (1가닥)를 합친 4가닥
프렌치너트S 3753(2가닥)
1번 감기 3번 감기 2번 감기

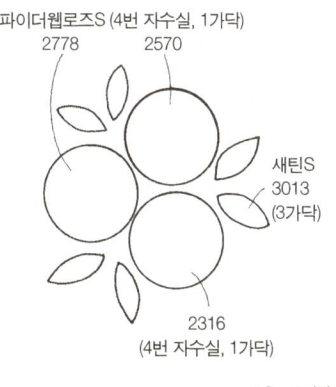

스파이더웹로즈S (4번 자수실, 1가닥)
2778 2570
새틴S 3013 (3가닥)
2316 (4번 자수실, 1가닥)

※ S = 스티치

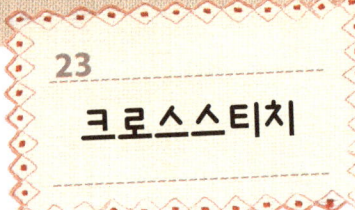

23 크로스스티치

흔히 십자수라고 합니다.
우선 '/' 방향을 수놓는 데만 신경을 씁니다. 익숙해지면 안쪽의 실이 세로로 가지런히 정리되도록 순서를 고려해서 수를 놓습니다.

✿ 바늘땀

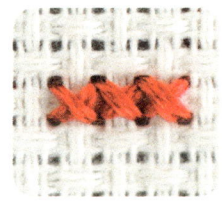

✿ 실물 크기의 실 가닥수와 굵기

✿ 수놓는 방법

- **한 줄씩 모아 수놓기**

수놓고 싶은 칸에 '/' 방향으로 수놓습니다. 그런 다음 되돌아서 반대 방향으로 수놓아가며 크로스스티치를 만듭니다. 이렇게 하면 손쉽게 안쪽까지 깔끔하게 마무리할 수 있습니다.

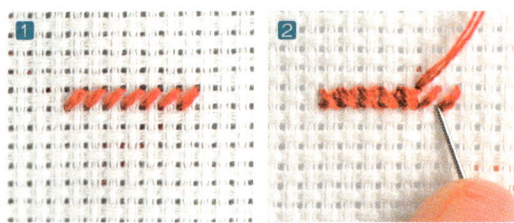

- **한 칸씩 수놓기**

흩어져 있는 칸을 수놓을 때는 한 칸씩 크로스로 수놓습니다.

- **위쪽 방향 가지런히 정리하기**

천 위로 보이는 대각선의 방향이 반드시 가지런히 정리되도록 방향을 고려해서 수놓습니다.

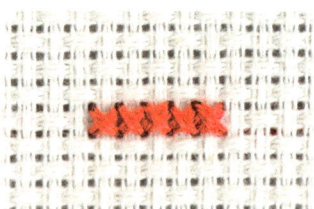

- **시작**

다른 스티치와 같은 방법으로 매듭을 만들어 겉에서 바늘을 넣습니다.
시작 부분의 실을 천의 안쪽에서 고정하기 때문에 수놓으려는 줄 안으로 실이 지나가게 합니다.
안쪽에서 여분의 실을 잘라 매듭을 제거합니다.

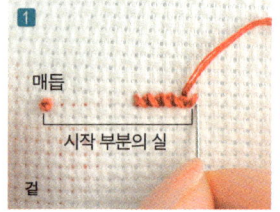
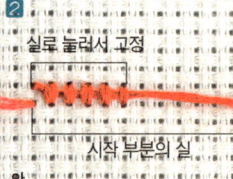
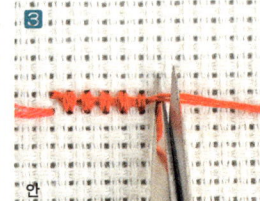

• **마무리**

천 안쪽으로 바늘을 빼서 수놓은 실 안에 바늘을 통과시킵니다. 1칸을 빼고 되돌아온 다음 실을 자릅니다.

• **실 잇는 방법** _ 알기 쉽게 실의 색상을 바꿨습니다.

3~4칸 앞쪽에서 바늘을 통과시킨 다음 마지막 한 칸을 되돌아와서 통과시킵니다. 여분의 실을 자릅니다.

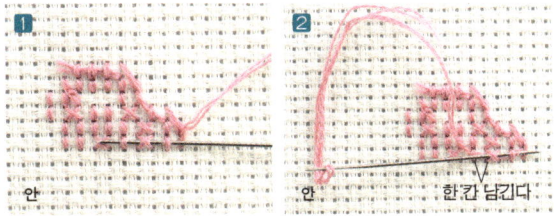
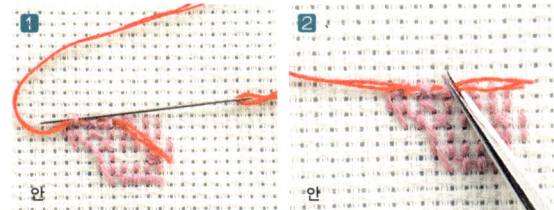

• **짝수의 실로 시작하는 법**

짝수의 실로 수놓을 때는 고리에 걸어서 고정하는 방법이 있습니다.

4가닥으로 할 때는 2가닥의 자수실을 고리로 만들고, 양끝을 모아서 바늘에 끼웁니다.

천의 겉에서 바늘을 넣어 고리를 남겨둔 후, 바늘을 겉으로 빼냅니다.

고리에 바늘을 끼운 후, 바늘을 천 안에 넣습니다.

실을 안쪽으로 세게 잡아당기면 고리가 안으로 들어가 고정됩니다.

🌼 바늘의 진행 방법

• **옆으로 왕복해서 수놓기**

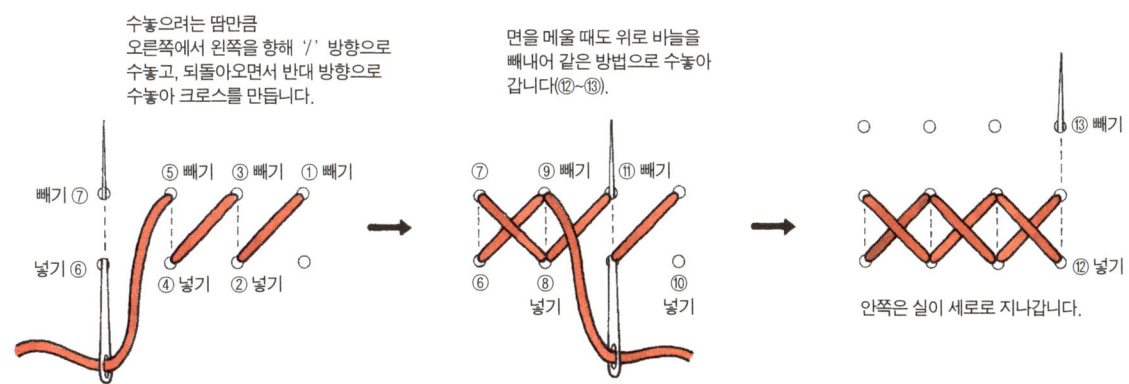

• **비스듬히 위로 수놓아가기**

비스듬히 수놓아갈 때는 한 칸씩 크로스를 완성합니다.
안쪽은 세로와 가로로 실이 지나갑니다.

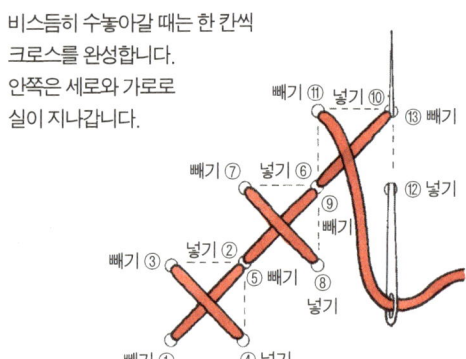

• **비스듬히 아래로 수놓아가기**

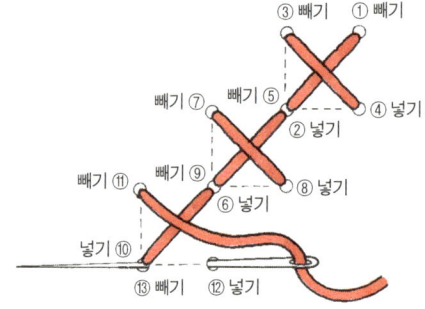

• **세로로 수놓아가기**

세로로 수놓을 때도 한 칸씩 크로스를 완성하여 위로 수놓아갑니다.
안쪽은 실이 세로로 지나갑니다.

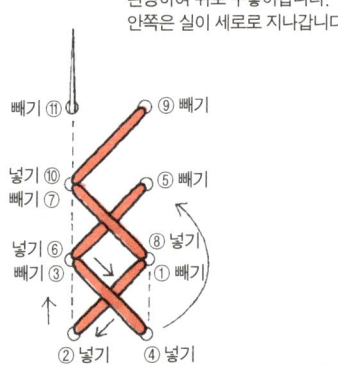

웨이스트 캔버스 사용 방법

웨이스트 캔버스는 어떤 천에도 크로스 스티치를 할 수 있는 메시 상태의 천입니다. 수 놓고 싶은 천 위에 시침해서 수놓은 후 뽑아냅니다.

도안보다 크게 자르고, 천에 시침질하고 나서 수를 놓습니다.

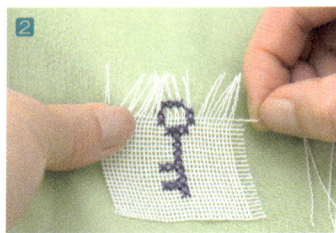

여분의 웨이스트 캔버스를 자르고 가로 실을 뽑아냅니다.

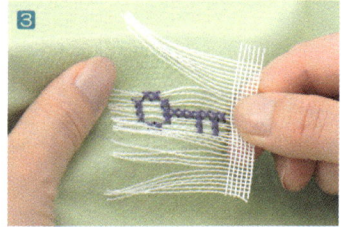

세로 실은 한 번에 뽑아냅니다.

크로스스티치 수놓기

🌸 실물 크기의 자수

천 _ 아이다 14카운트
(10cm당 55칸)
실 _ 25번 자수실
(316 3053)

🌸 도안

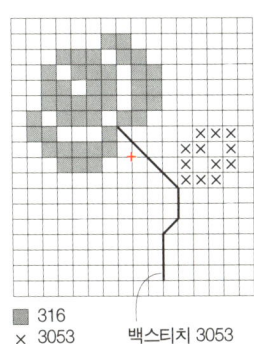

■ 316
× 3053
+ 중심

백스티치 3053
※ 모두 2가닥

🌸 확대 그림

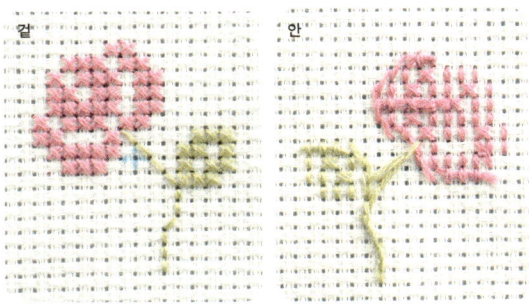

겉 / 안

1단계 꽃의 아랫부분 1열 수놓기

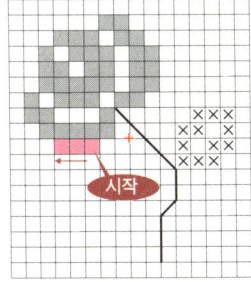

시작

1 겉
중심과 가까운 위치부터 수를 놓습니다. 매듭을 지은 실을 천의 겉에서 넣어 시작 부분의 위치로 바늘을 빼냅니다.

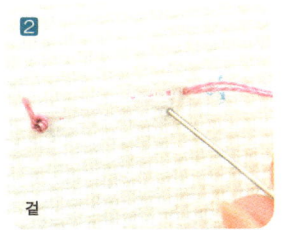

2 겉
'/' 방향이 되도록 바늘을 넣습니다. 이때 천의 안쪽에서 실이 고정되도록 수놓습니다.

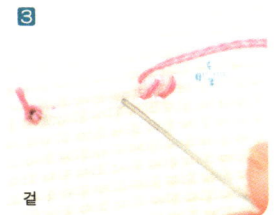

3 겉
꽃의 아랫부분 1열(3칸)을 수놓습니다(왼쪽 도안의 분홍색 부분).

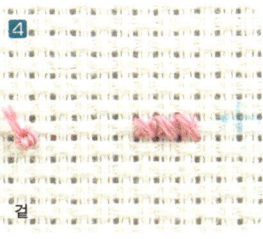

4 겉
3칸만큼 되돌아오며 크로스스티치를 합니다.

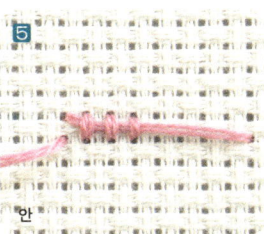

5 안
천 안쪽에서 본 모습. 시작 부분의 실이 스티치한 땀으로 고정되어 있습니다.

6 안
시작 부분의 실을 자르고 매듭을 제거합니다.

2단계 꽃의 가운데 부분 2~3열 수놓기

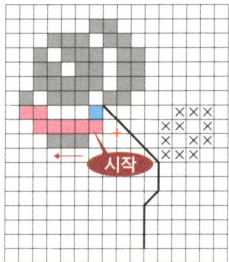

2열의 중심과 가까운 위치부터 수놓습니다.

왼쪽으로 수놓아가고, 다 했으면 3열을 수놓습니다(왼쪽 도안의 분홍색 부분).

오른쪽으로 되돌아와서 스티치를 완성하고, 떨어져 있는 남은 한 칸을 수놓습니다(왼쪽 도안의 하늘색 부분).

 3단계 꽃의 윗부분 4~9열 수놓기

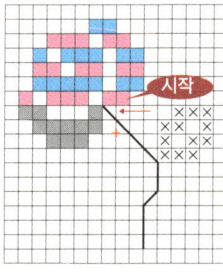

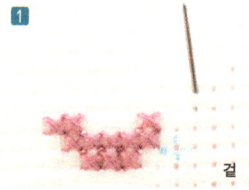

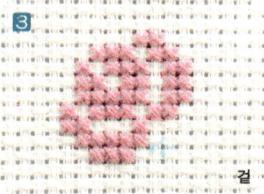

도안에서 4열의 오른쪽 끝부분부터 수를 놓습니다(왼쪽 도안의 분홍색 부분).

왼쪽 방향으로 수놓은 다음, 오른쪽으로 되돌아와서 크로스스티치를 합니다(왼쪽 도안의 분홍색 부분).

같은 방법으로 1열씩 수를 놓습니다. 꽃이 완성된 모습.

 4단계 잎 수놓기

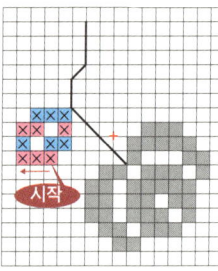

중심에서 가까운 위치부터 수를 놓아야 하므로 도안과 천의 위아래를 뒤집어놓고 1열을 수놓습니다(왼쪽 도안의 분홍색 부분).

가로 3칸을 수놓습니다. 왼쪽 방향으로 수놓은 후 오른쪽으로 되돌아와서 크로스스티치를 합니다(왼쪽 도안의 분홍색 부분). 시작 부분의 실은 천의 안쪽에서 고정되도록 합니다.

같은 방법으로 4열까지 수놓고 잎을 완성합니다.

5단계 줄기 수놓기

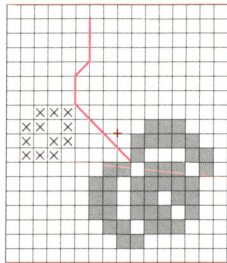

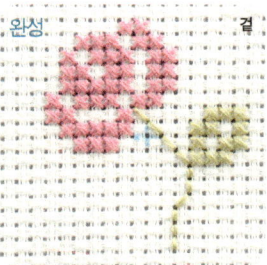

줄기는 백스티치로 한 땀씩 수놓습니다.

마무리할 때는 실을 천 안쪽에서 실 사이에 고정한 다음 자릅니다.

 ## 수놓고 싶은 작은 도안

보기만 해도 수놓고 싶어지는 귀여운 도안들을 모았습니다.
알파벳이나 연속무늬 등 마음에 드는 모티브를 선택해서 수놓아보세요.
아주 작은 장식 하나가 작품을 더욱 돋보이게 할 수 있답니다.

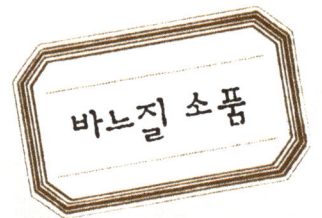

바느질 소품

귀여운 바느질 소품 도안을 모았습니다. 바느질 하면서 자주 사용하는 가방이나 소품 주머니에 예쁘게 수를 놓아보세요.

 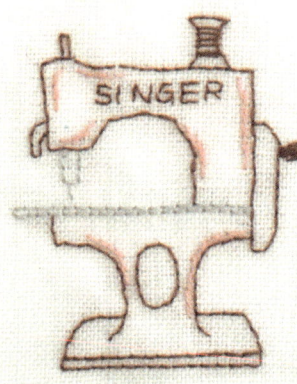 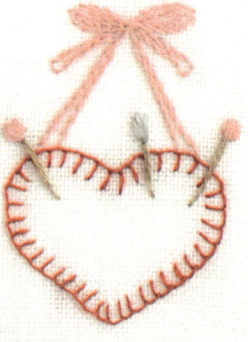

실물 크기 도안

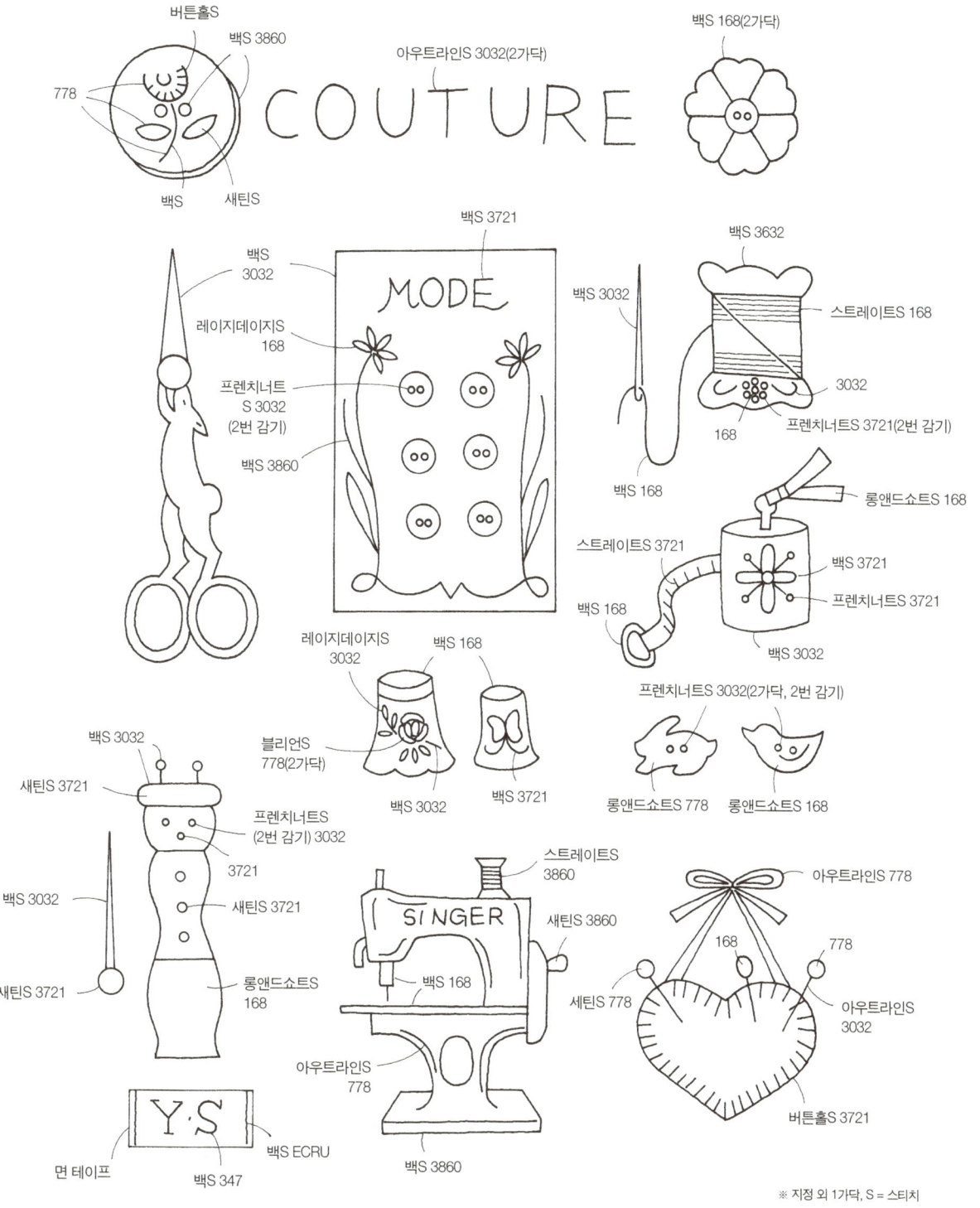

앤티크

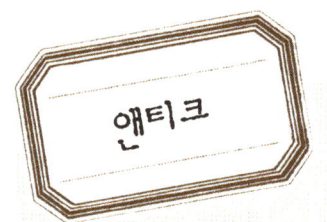

시간이 지날수록 향기가 깊어지는 앤티크 도안을 모았습니다.
천천히 한땀 한땀 수놓으며 아름다움을 느껴보세요.

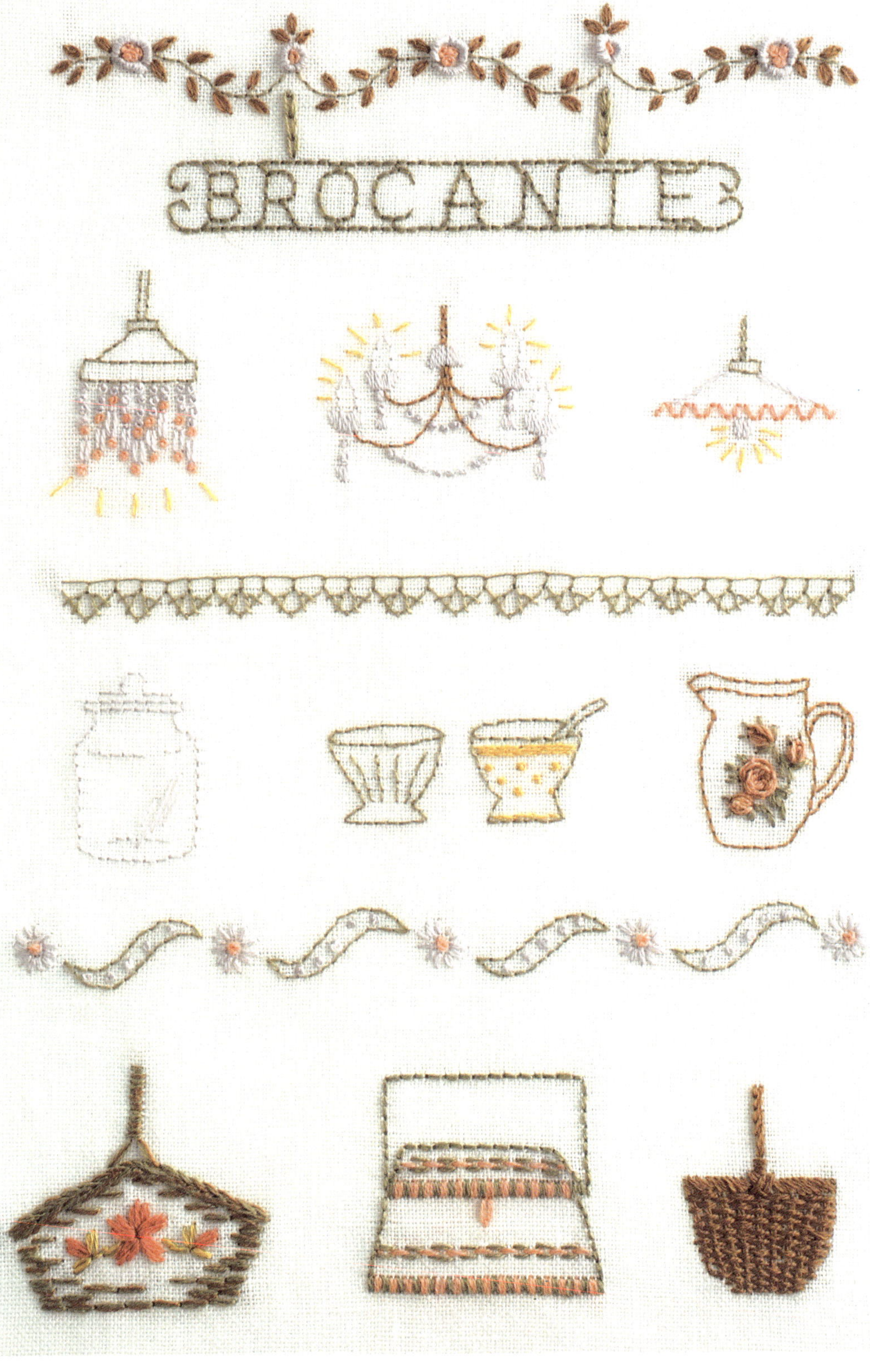

실물 크기 도안

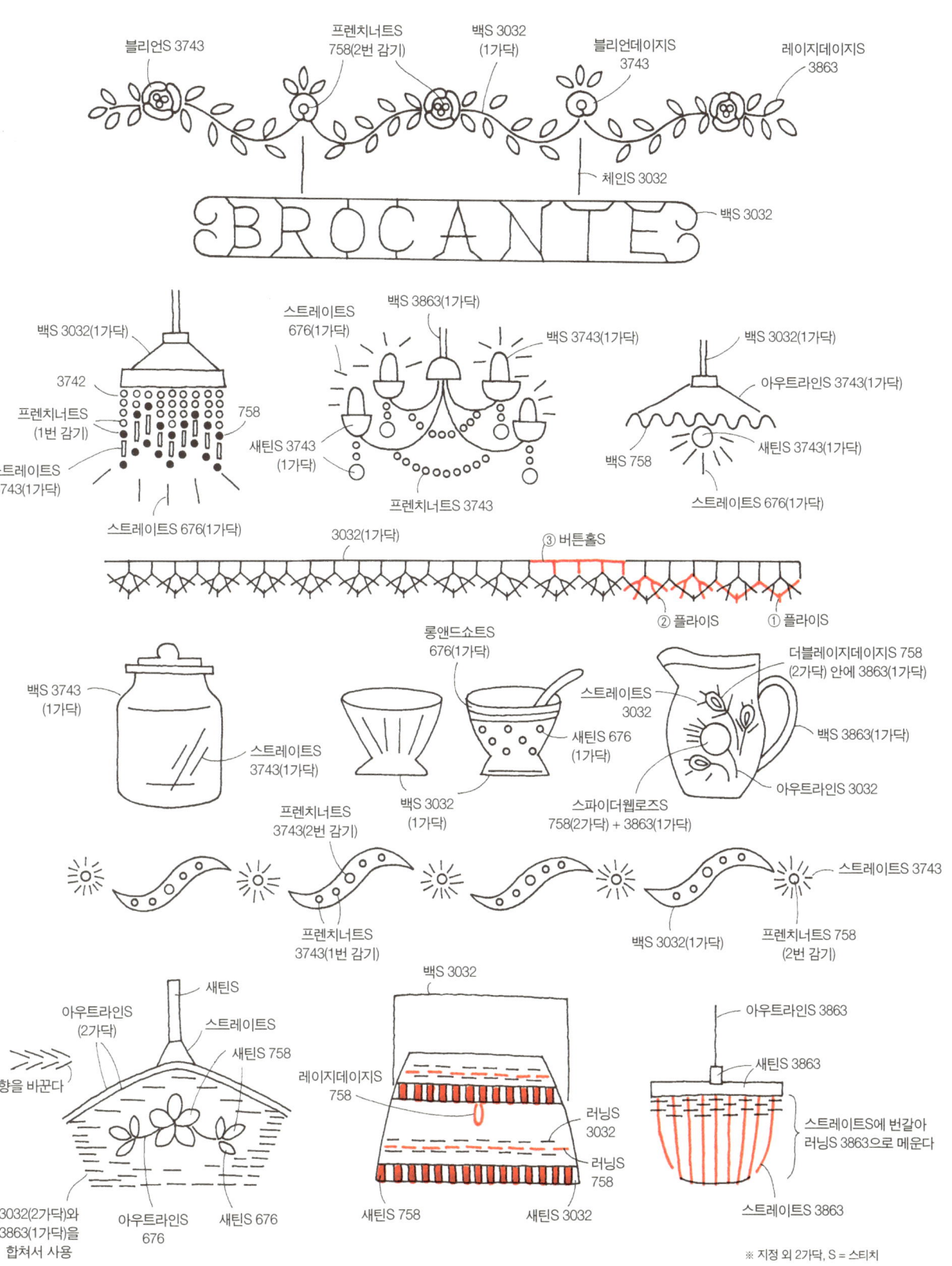

차콜 & 화이트

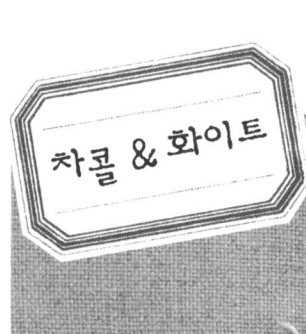

차콜과 화이트 컬러가 아름다운 조화를 이루고 있는 도안입니다.
파우치나 가방 또는 옷에 어울리는 도안을 택해 수놓아 장식하세요.

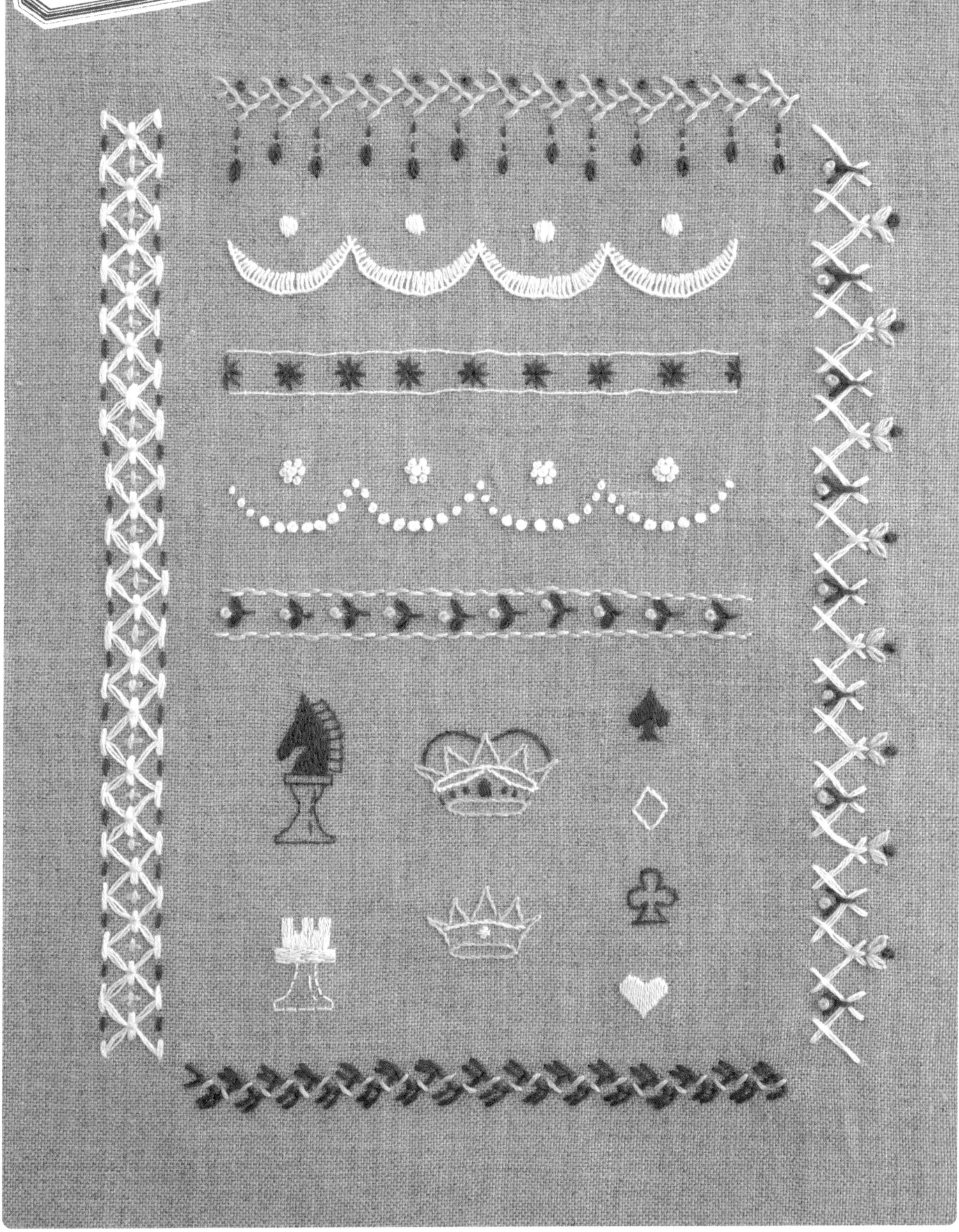

실물 크기 도안

- ━━━ 928
- ━━━ 924
- ━━━ BLANC

더블페더S 프렌치너트S 헤링본S 플라이S
레이지데이지S 새틴S(2가닥) 러닝S 레이지데이지S
스트레이트S
카우칭S BLANC(1가닥)를 BLANC(1가닥)로 고정한다 버튼홀S 프렌치너트S
스트레이트S 프렌치너트S(2번 감기) (1번 감기)
레이지데이지S(2가닥) (2번 감기)
러닝S
버튼홀S(1가닥) 프렌치너트S(2번 감기) 스트레이트S(2가닥)
롱앤드쇼트S(1가닥) 새틴S(1가닥)
백S(1가닥) 스트레이트S(1가닥) 새틴S 아우트라인S(1가닥) 아우트라인S(1가닥)
롱앤드쇼트S(1가닥)
백S(1가닥) 스트레이트S(1가닥) 새틴S(1가닥) 새틴S(1가닥)
러닝S
스트레이트S
크로스S
셰브론S 더블페더S 러닝S

※ 지정 외 3가닥, S = 스티치

알파벳과 연속무늬

알파벳과 연속무늬를 이용하여 멋지게 장식할 수 있는 도안을 모았습니다.
이니셜 등을 표시할 때 많이 사용하는 알파벳을 예쁘게 수놓아 보세요.
연속무늬는 테이블 매트나 침구류 등에 활용하기 좋아요.

실물 크기 도안

— 347
— 844
— BLANC

프렌치너트S
(3가닥, 2번 감기)

더블페더S
(3가닥)

헤링본S
(3가닥)

프렌치너트S
(3가닥)

크로스S
(3가닥)

셰브론S
(3가닥)

크로스S
(3가닥)

프렌치너트S
(3가닥, 2번 감기)

스트레이트S
(3가닥)

카우칭S BLANC(3가닥)을
347(1가닥)로 고정한다

휘프체인S BLANC(3가닥)로 844(1가닥)를 감는다

프렌치너트S
(2가닥, 2번 감기)

프렌치너트S
(2가닥, 2번 감기)

블리언데이지S
(2가닥)

버튼홀S
(2가닥)

스트레이트S
(2가닥)

휘프체인S 844(2가닥)로
844(2가닥)를 감는다

중심을
고정한다

카우칭S
BLANC(6가닥)를
BLANC(1가닥)로
고정한다

프렌치너트S
(3가닥, 1번 감기)

레이지데이지S
(3가닥)

레이지데이지S(3가닥)

페더S BLANC(3가닥)

※ S = 스티치

57

크로스스티치로 수놓은 알파벳

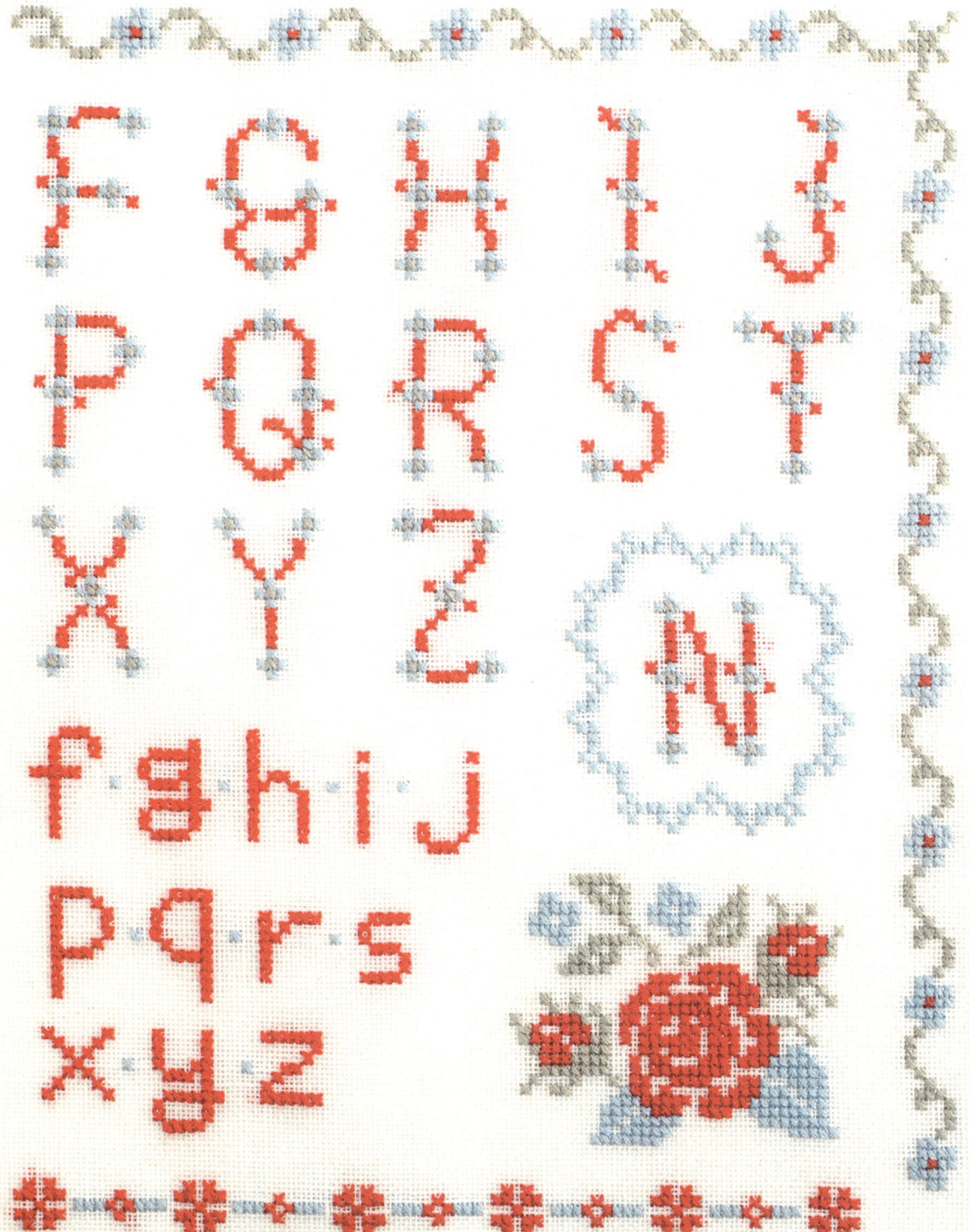

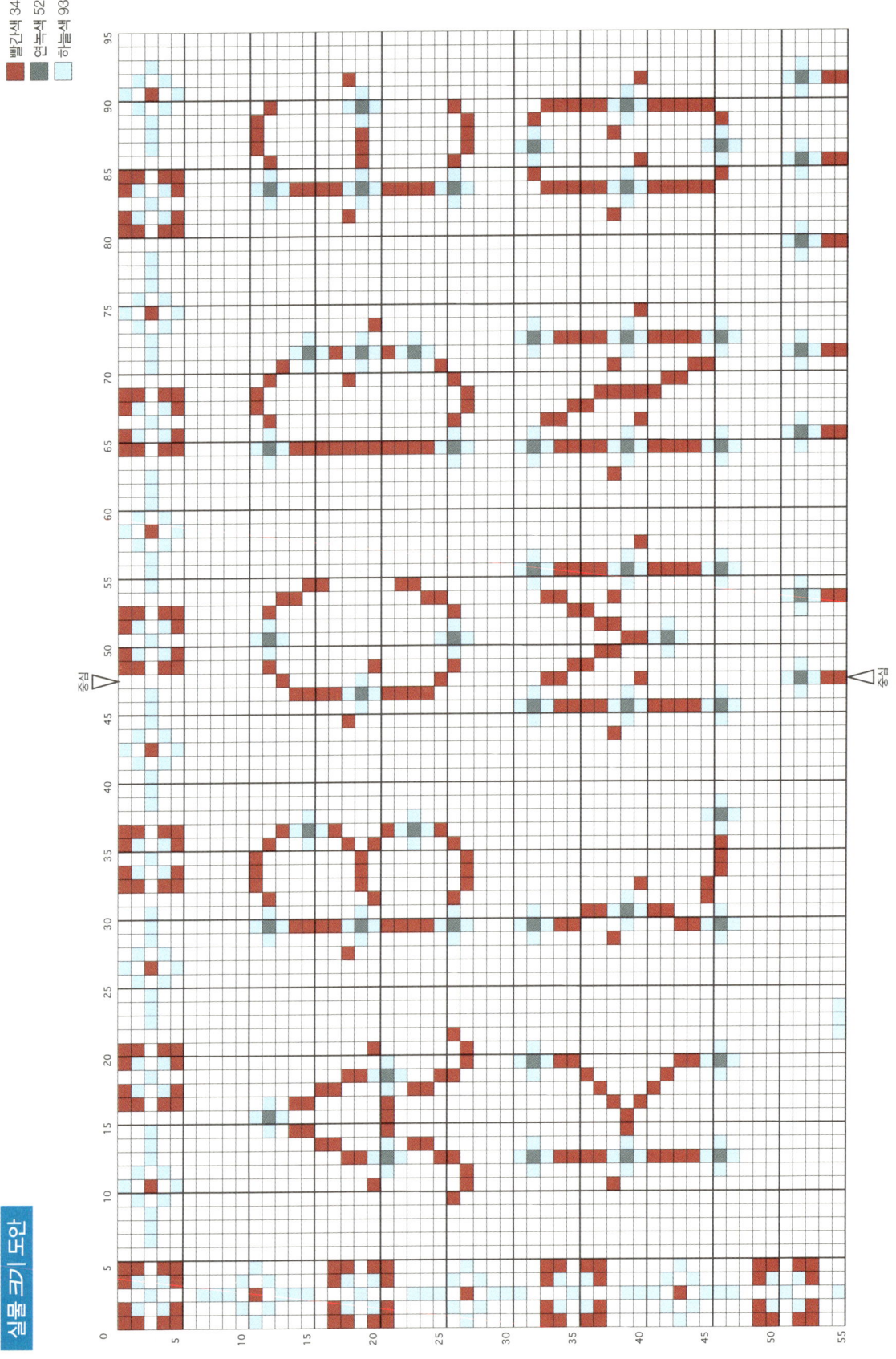

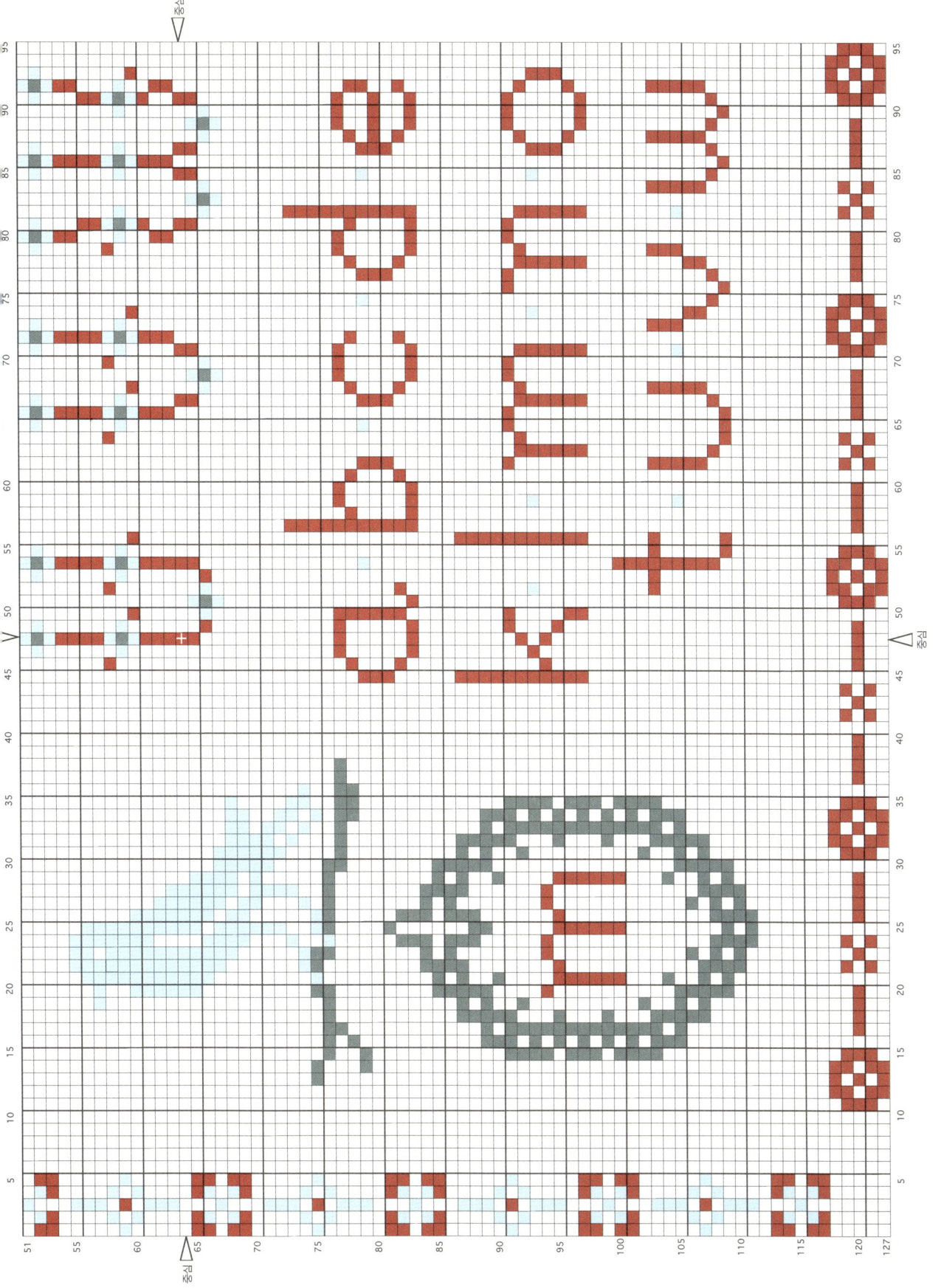

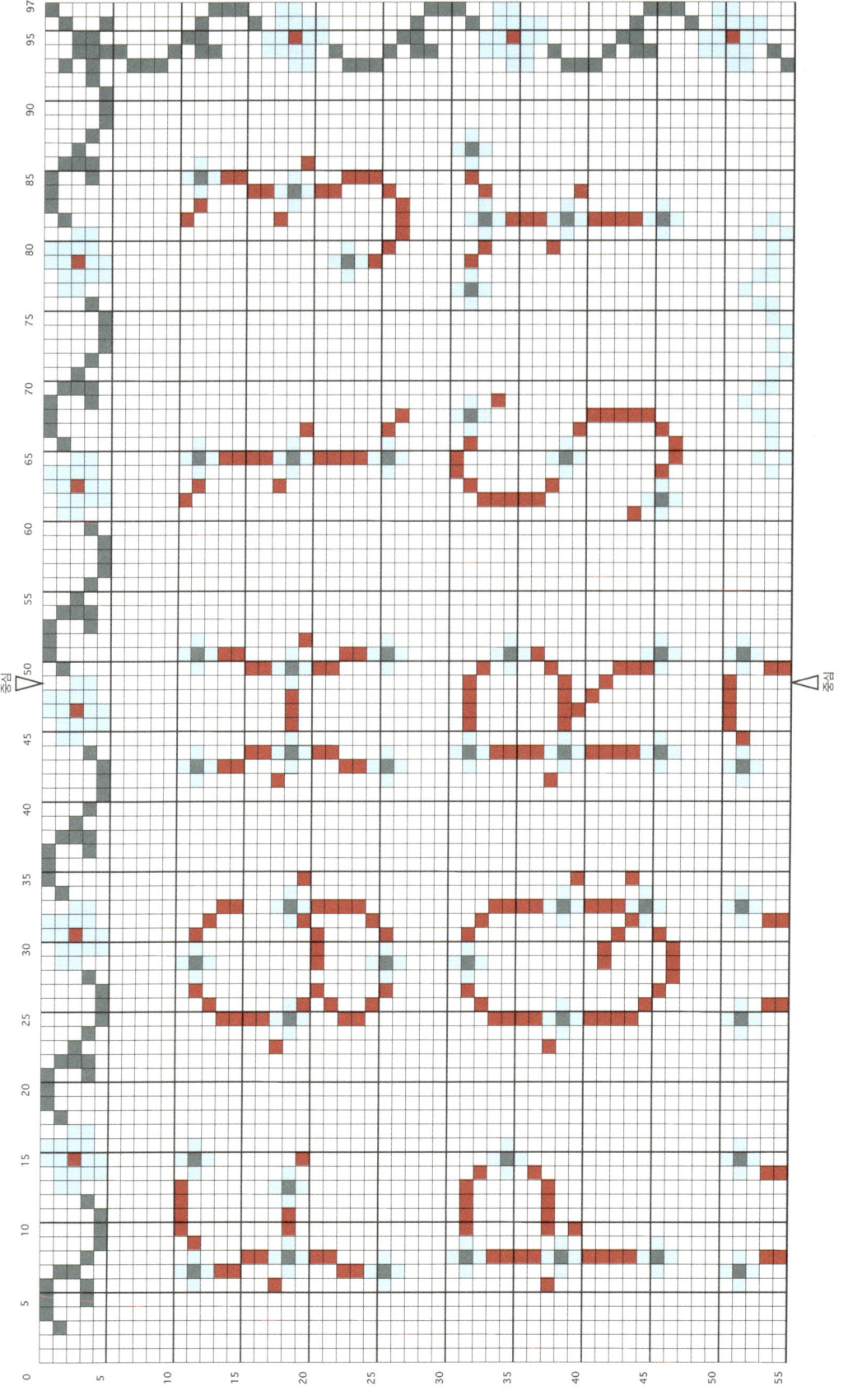

실물 크기 도안

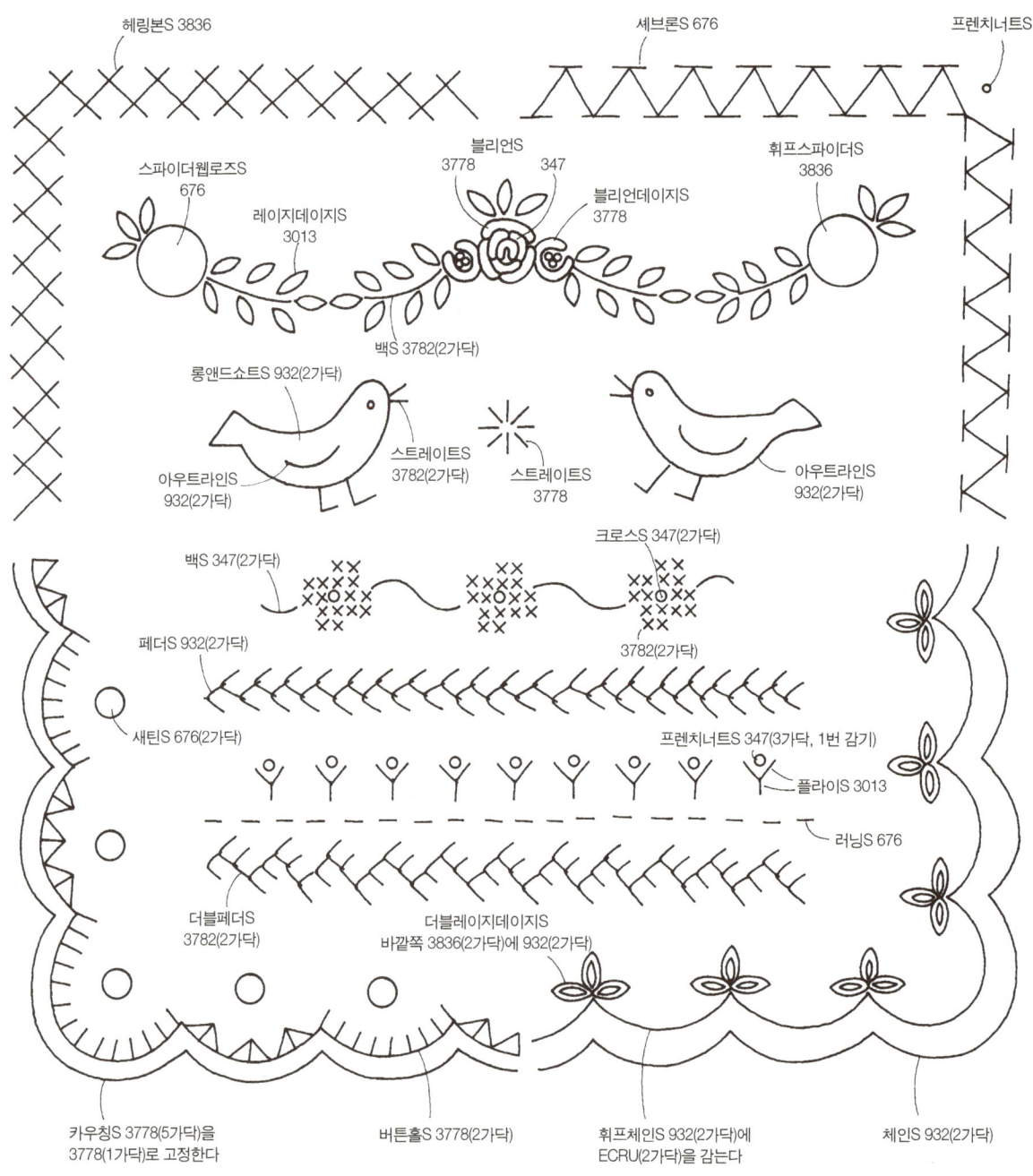

※ 지정 외 3가닥, S=스티치

 ## 자수로 만든 소품

마음에 드는 모티브를 소품에 수놓아 볼까요?
심플한 가방이나 티매트, 북커버 등에 살짝 더해주기만 해도
멋진 아이템을 완성할 수 있습니다.

작은 액자

마음에 드는 그림을 수놓아 액자에 넣어 장식해 보세요.
벽에 걸어도 좋고 책상 한 켠에 올려놓아도 멋진 장식품이 되지요.
자수가 취미인 친구에게 선물하기에도 좋은 귀여운 아이템입니다.

▶▶ 재료

- 리넨 무지 11×16cm
- 퀼트솜 11×16cm
- 1.5cm 폭 레이스 11cm
- 25번 자수실
  no.1(168 3032 3721)
  no.2(168 778 3032 3721)
  no.3(168 3032 3721 3860)
- 엽서 크기의 액자

▶▶ 만드는 방법

천에 수를 놓고 위에 레이스를 꿰매어 단다.
퀼트솜을 뒤에 받쳐 액자에 넣는다.

11
16
꿰맨다
레이스
천에
수놓는다
퀼트솜을 뒤에 받친다
액자에 넣는다

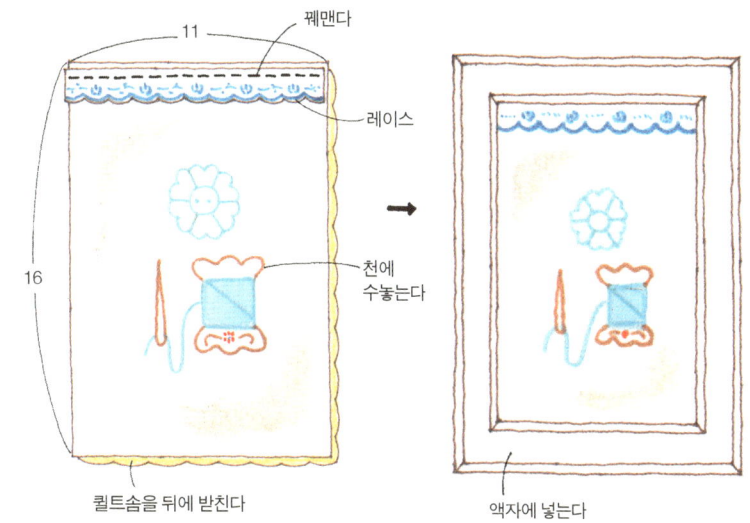

실물 크기 도안

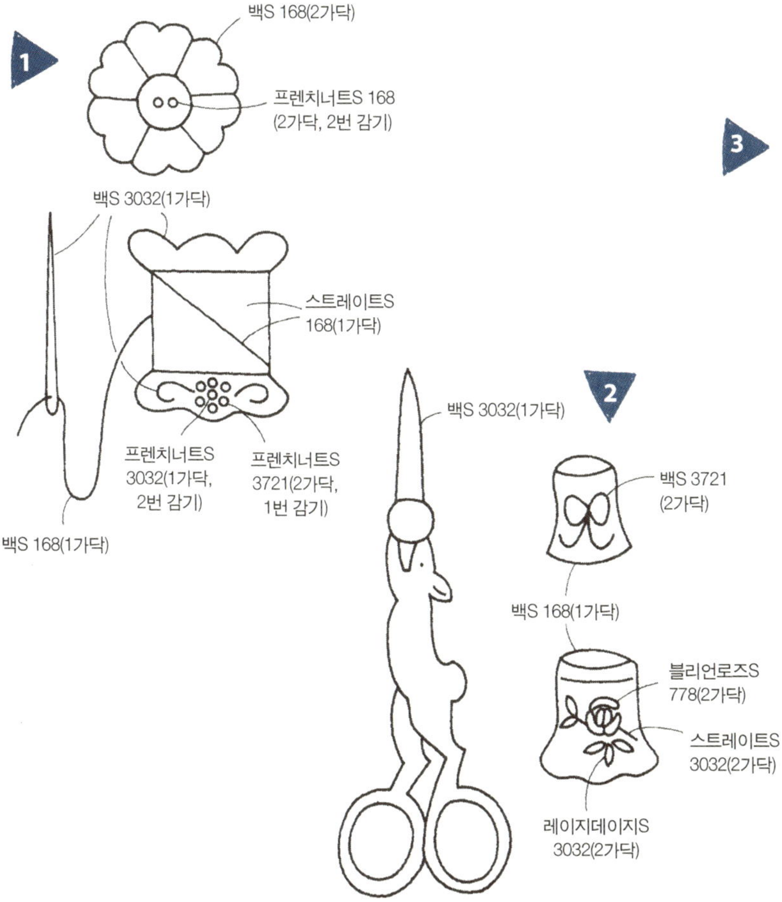

1
백S 168(2가닥)
프렌치너트S 168
(2가닥, 2번 감기)
백S 3032(1가닥)
스트레이트S
168(1가닥)
프렌치너트S
3032(1가닥,
2번 감기)
프렌치너트S
3721(2가닥,
1번 감기)
백S 168(1가닥)
2
백S 3032(1가닥)
백S 3721
(2가닥)
백S 168(1가닥)
블리언로즈S
778(2가닥)
스트레이트S
3032(2가닥)
레이지데이지S
3032(2가닥)

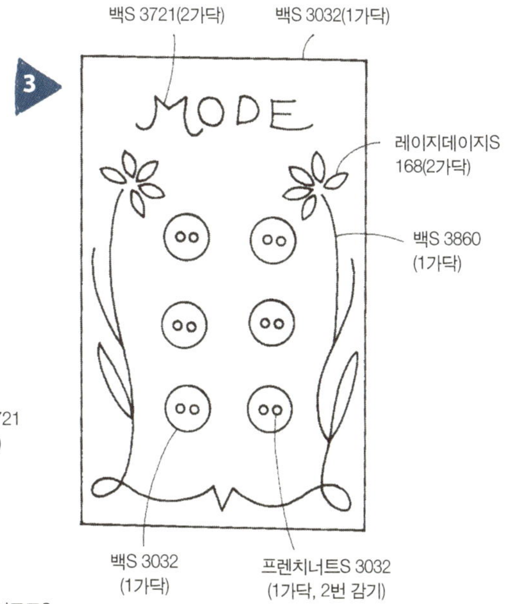

3
백S 3721(2가닥)
백S 3032(1가닥)
MODE
레이지데이지S
168(2가닥)
백S 3860
(1가닥)
백S 3032
(1가닥)
프렌치너트S 3032
(1가닥, 2번 감기)

※ S = 스티치

포인트 자수 북 커버

프린트 천과 깔끔한 무지 천을 매치한 북 커버에 이니셜이 들어간 포인트 스티치를 더해줍니다. 손수건에 테두리 장식을 더한 포인트 스티치를 수놓아도 귀엽습니다.

가름끈에도 레이스를 달아보세요.

▶ 재료
- 겉감(면 무지) 40×35cm
- 덧댈 천(면 프린트) 40×10cm
- 얇은 접착심 40×20cm
- 0.8cm 폭 레이스 90cm
- 25번 자수실(3865)

※ 도안에는 시접이 포함되어 있지 않습니다.
  지정 외에는 모두 1cm의 시접을 주어 재단합니다.

실물 크기 도안

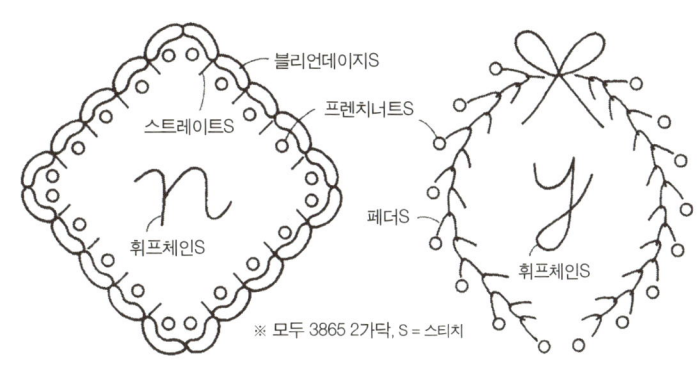

※ 모두 3865 2가닥, S = 스티치

▶ 제도

• 북 커버 겉감, 덧댈 천, 접착심 각 1장

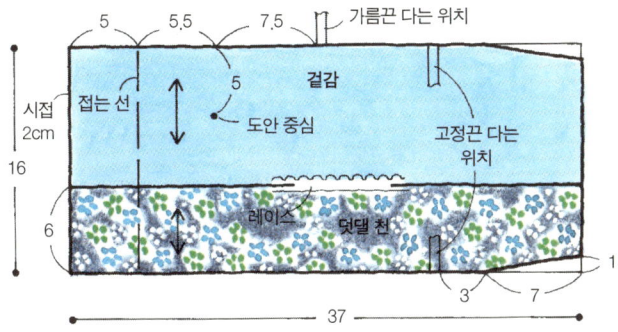

• 안쪽 천(겉감 1장)

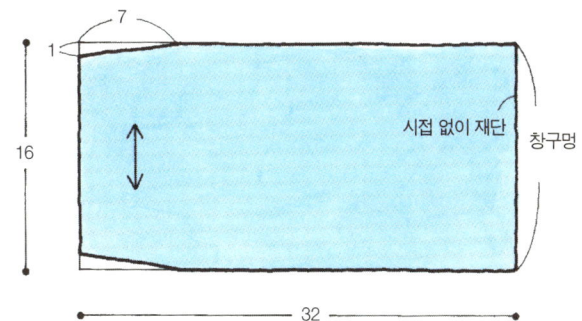

▶ 만드는 방법

① 시접을 주고 천을 재단한다. 겉감과 덧댈 천을 꿰매고, 시접을 갈라서 접착심을 붙인다. 수를 놓고 솔기에 레이스를 꿰매어 단다.

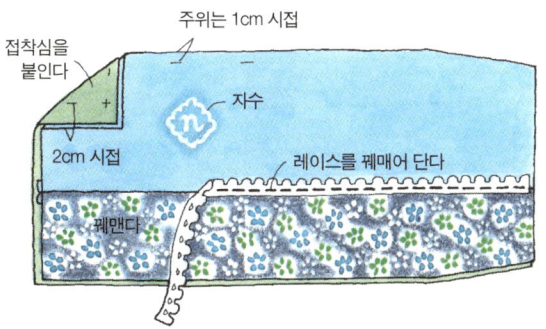

② 단을 접어 꿰맨다. 접는 선 부분을 접고 가름끈과 고정끈을 시침질한다.

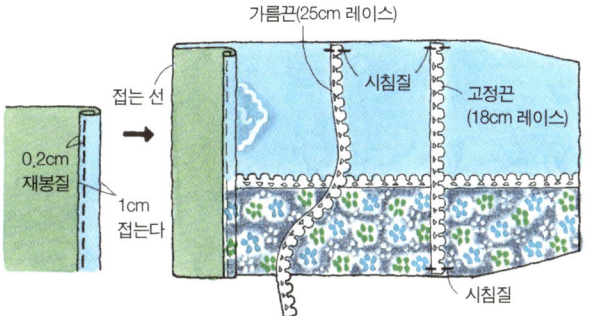

③ 안쪽 천을 맞대고, 창구멍을 남겨 꿰맨다. 창구멍을 통해 겉으로 뒤집는다.

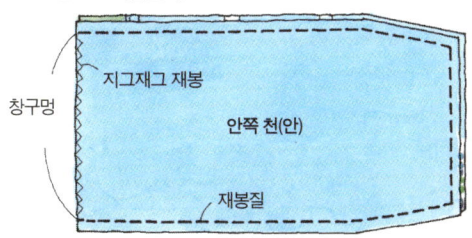

콤팩트 거울 & 프레임 파우치

짙은 보라색 리넨에 연보라색 꽃을 수놓은 거울과 파우치.
체인스티치로 수놓은 꽃은 섬세하면서 여성스러운 느낌을 줍니다.
파우치의 한쪽 면을 도트무늬 천으로 만들어 멋스러움을 더하세요.

▶ 콤팩트 거울 재료
- 겉감(리넨 무지) 15×15cm
- 콤팩트 거울
- 25번 자수실(3743 928)

실물 크기 도안

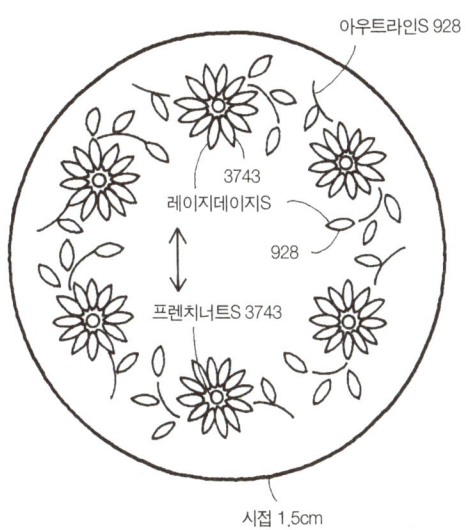

아우트라인S 928
3743
레이지데이지S
928
프렌치너트S 3743
시접 1.5cm

※ 모두 2가닥, S = 스티치

안쪽은 양면 거울로 되어 있어요.

▶ 만드는 방법

① 주위에 시접을 주어 재단하고 나서 수를 놓는다. 시접을 홈질한다.

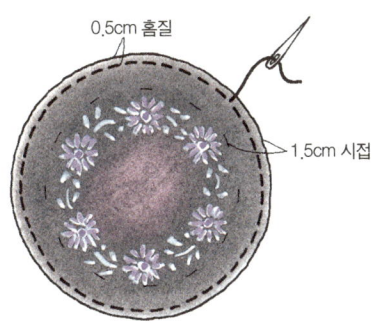

0.5cm 홈질
1.5cm 시접

② 홈질한 실을 조이고, 콤팩트 뚜껑을 넣고 실을 건다. 주위에 본드를 바른다.

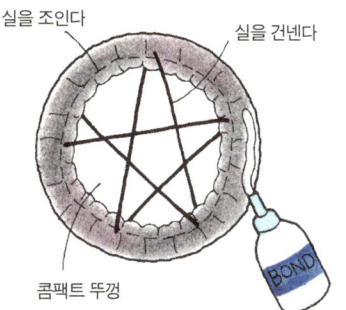

실을 조인다
실을 건넨다
콤팩트 뚜껑

③ 콤팩트 거울에 뚜껑을 끼운다.

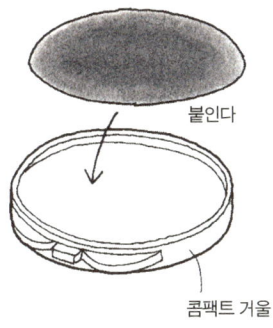

붙인다
콤팩트 거울

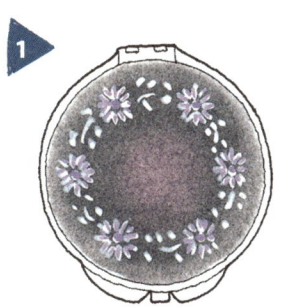

71

▶ 프레임 파우치 재료
- 겉감(리넨 무지) 25×15cm
- 덧댈 천(면 물방울무늬) 25×15cm
- 안감(면 무지) 25×30cm
- 얇은 접착심 25×30cm
- 프레임 15×6cm
- 25번 자수실(3743 / 928)

실물 크기 도안

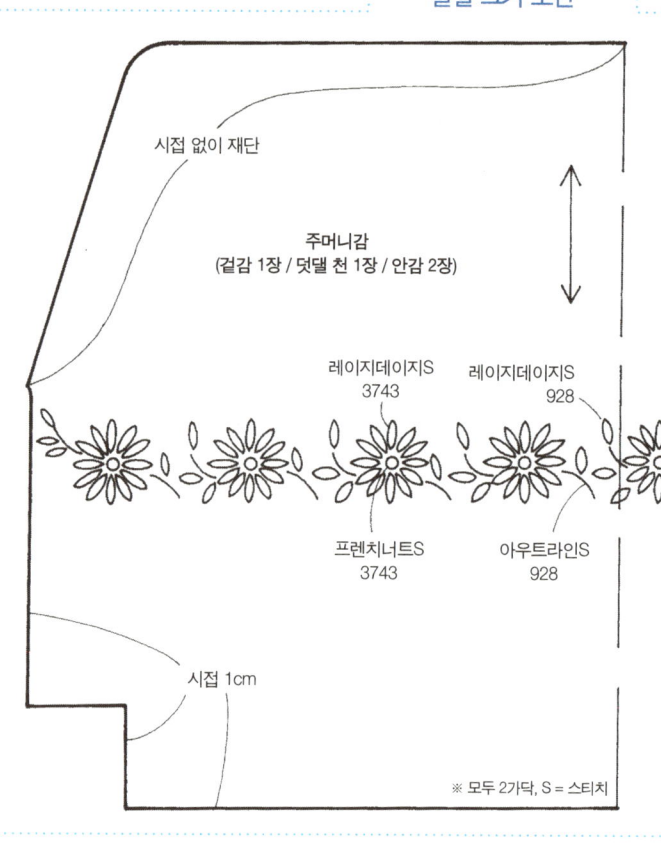

주머니감 (겉감 1장 / 덧댈 천 1장 / 안감 2장)

시접 없이 재단

레이지데이지S 3743
레이지데이지S 928
프렌치너트S 3743
아우트라인S 928

시접 1cm

※ 모두 2가닥, S = 스티치

▶ 만드는 방법

① 겉감을 잘라서 접착심을 붙이고 수를 놓는다.

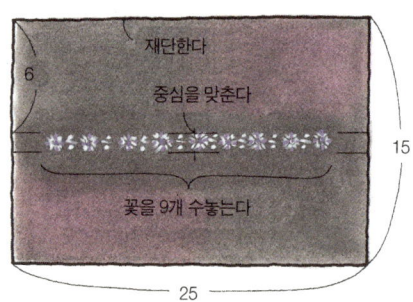

재단한다 / 중심을 맞춘다 / 꽃을 9개 수놓는다
6 / 15 / 25

② 덧댈 천에도 접착심을 붙이고, 주머니감의 형태로 다시 재단한다. 옆선과 바닥을 꿰매고 나서 바닥면을 꿰맨다.

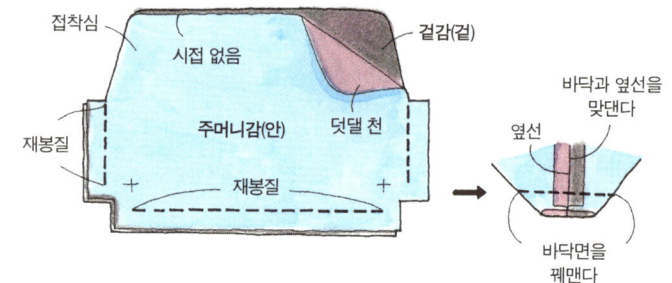

접착심 / 시접 없음 / 겉감(겉) / 바닥과 옆선을 맞댄다 / 주머니감(안) / 덧댈 천 / 옆선 / 재봉질 / 재봉질 / 바닥면을 꿰맨다

③ 같은 방법으로 안감을 꿰매 주머니감 안에 넣는다. 입구를 꿰매서 고정한다.

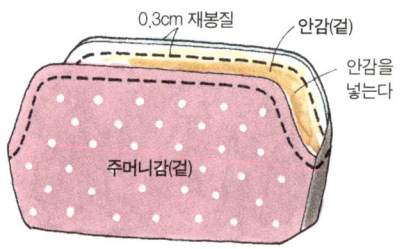

0.3cm 재봉질 / 안감(겉) / 안감을 넣는다 / 주머니감(겉)

④ 프레임에 본드를 바르고 주머니감을 끼워 넣은 다음, 본드를 발라둔 부속의 지끈도 끼워 넣는다.

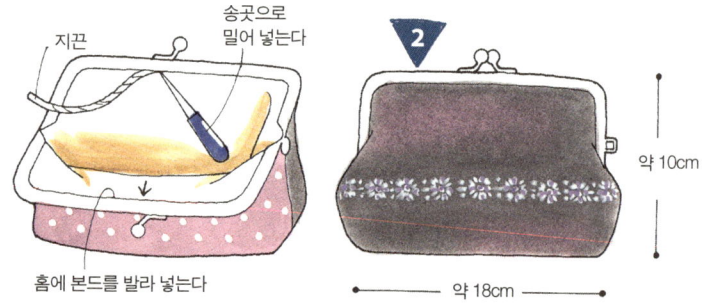

지끈 / 송곳으로 밀어 넣는다 / 홈에 본드를 발라 넣는다 / 약 10cm / 약 18cm

페더스티치 토트백

심플한 토트백에 페더스티치 세 줄을 수놓습니다.
직선으로 수놓기만 해도 깔끔하고 귀엽게 완성됩니다.
자수실은 가방 색상에 맞춰 푸른 계열과 흰색을 선택했습니다.

▶ **재료**
- 천 토트백
- 5번 자수실(BLANC, 930, 932)

▶ **만드는 방법**
천 토트백에 선을 긋고, 수를 놓는다.

실물 크기 도안

▶ **만드는 방법**

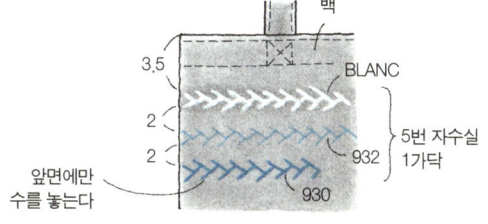

십자수 도일리

연속무늬의 크로스스티치로 수놓은 도일리는 향수를 불러일으킵니다. 차분한 느낌의 파란색과 갈색 실을 사용해서 세련되면서도 귀여운 도일리를 만들었습니다.

▶ **재료**
- 겉감(십자수용 / 25카운트 천) 25×25cm
- 25번 자수실(930, 932, 3790)

자수 도안

▶ **만드는 방법**

1. 중심에서 가까운 위치부터 수를 놓는다.
2. 자수의 단에서 3.5cm 남기고 주위를 자른다.

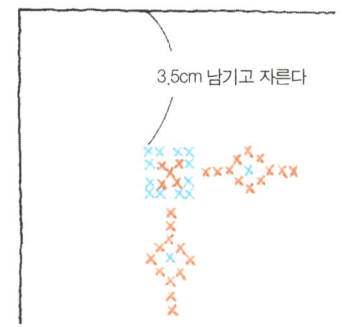

3. 그림과 같이 표시하고, 모서리에서 시접 5mm를 남기고 자른다.

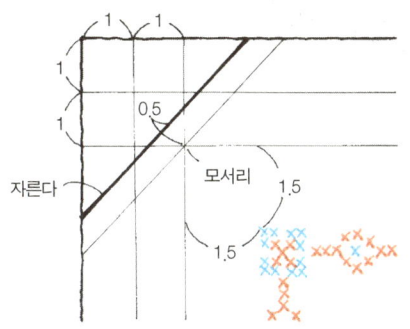

4. 모서리에서 시접을 접고, 천의 가장자리를 1cm 접어 꿰맨다.

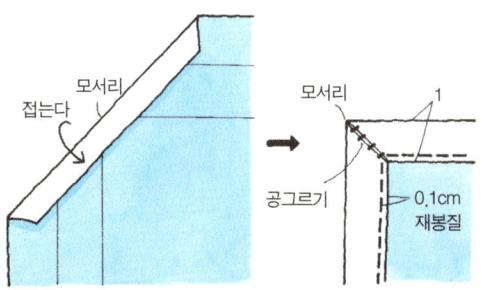

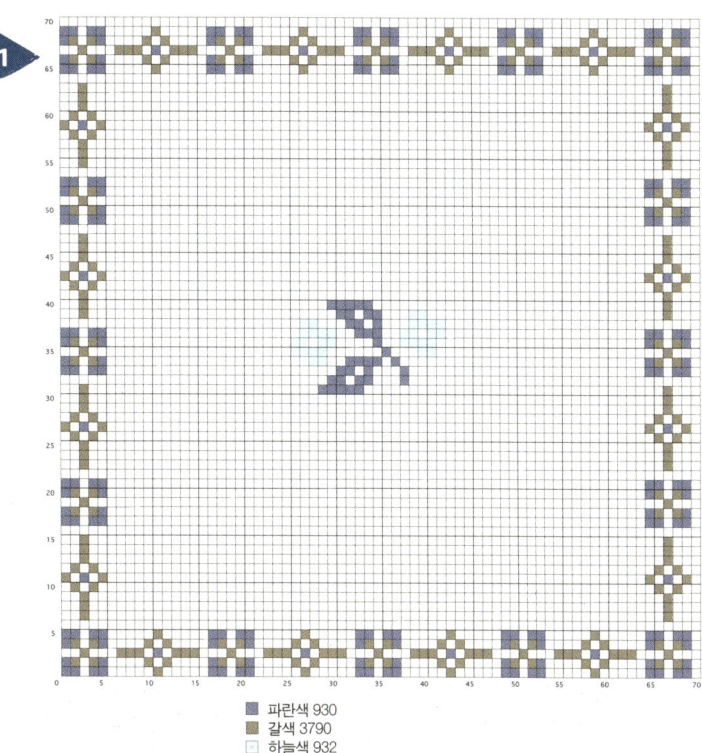

■ 파란색 930
■ 갈색 3790
□ 하늘색 932

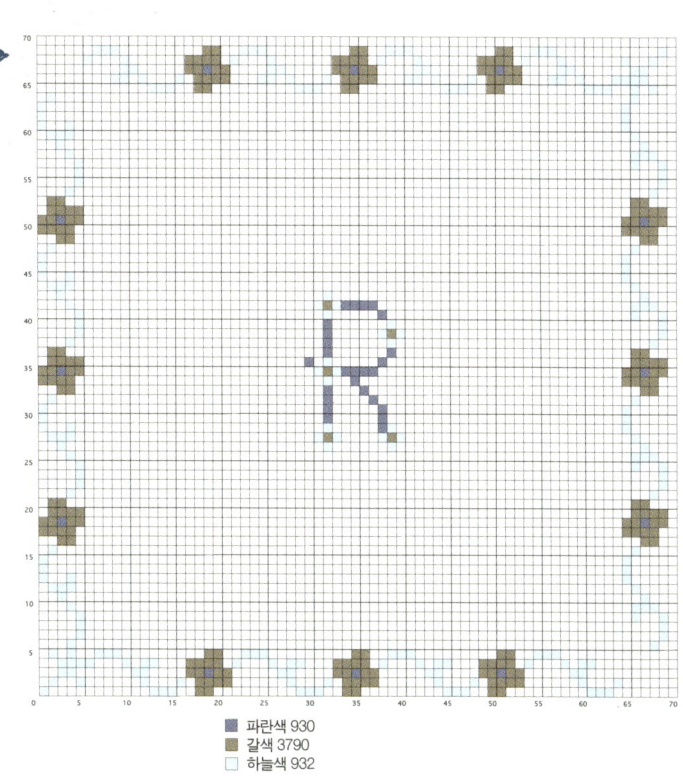

■ 파란색 930
■ 갈색 3790
□ 하늘색 932

75

꽃무늬 키친크로스

입체감 있는 꽃 자수가 귀엽게 수놓인 키친크로스. 휘프스파이더스티치와 레이지데이지스티치로 다채롭게 꽃을 수놓았습니다.
무지의 흰 크로스가 생동감 넘치는 모습으로 새롭게 태어났습니다.
손수건 등에 수놓아도 깜찍하지요.

▶ 재료
- 겉감(면 와플지) 45×70cm
- 25번 자수실
  (347, 368, 676, 758, 3752, 3836)

▶ 만드는 방법

시접을 주어 재단하고, 단을 1cm씩 접은 다음 재봉틀로 꿰맨다.
자수의 중심과 천의 중심을 맞대고, 수를 놓는다.

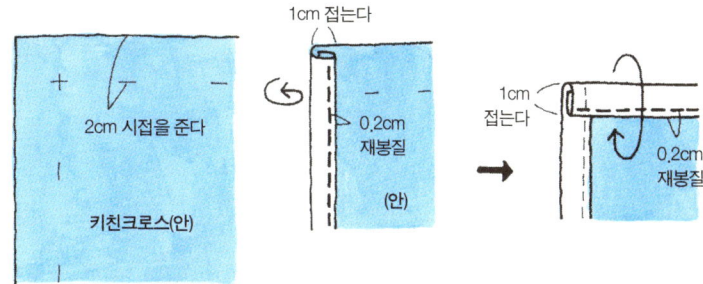

▶ 제도

● 키친크로스(겉감 1장)

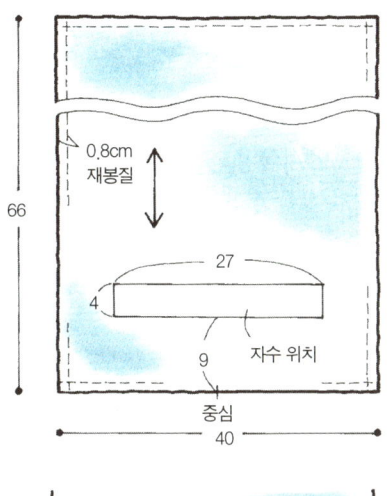

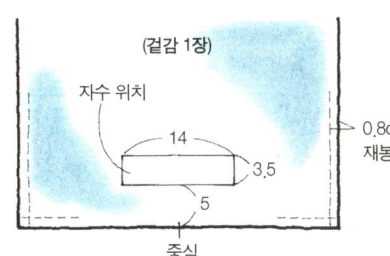

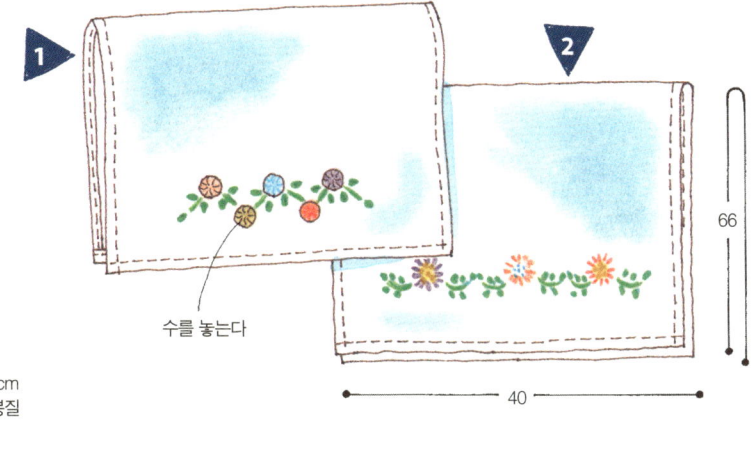

꽃무늬 키친크로스 도안

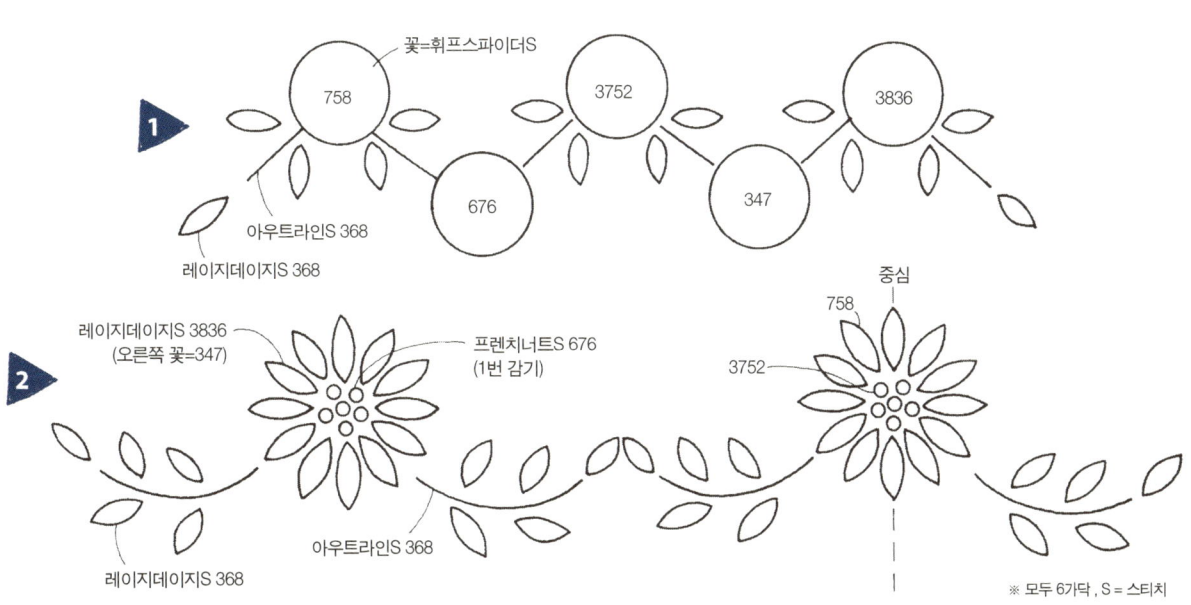

※ 모두 6가닥, S = 스티치

77

장미무늬 캐러멜 파우치

연분홍색의 그러데이션 장미 자수로 여성스러움이 더해진 파우치. 네모난 천에 수를 놓고 파우치 모양으로 만든 다음, 티롤리안 테이프 장식과 레이스를 더해 사랑스럽게 마무리했습니다. 캐러멜 같은 동그스름한 모양이 귀엽습니다.

▶ 재료
- 겉감(울 무지) 50×20cm
- 얇은 접착심 50×20cm
- 16cm 지퍼 1개
- 2cm 모티브레이스 4장
  (앞면 주머니감용)
- 2.5cm 모티브레이스 1장
  (뒷면 주머니감용)
- 1.8cm 폭 리본 16cm
- 25번 자수실
  (761, 3013, 3733, ECRU)

※ 제도에는 시접이 포함되어 있지 않습니다. 주 위에 3~4cm의 시접을 주고, 수를 놓고 나서 다시 재단합니다.

실물 크기 도안

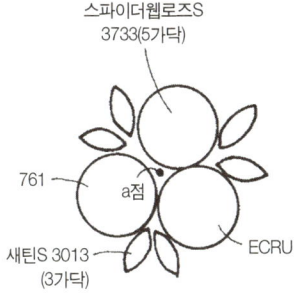

※ S = 스티치

▶ 제도

• 앞면 주머니감(겉감 1장)

(치수: 0.5 / 12.5 / 16, a = 자수 위치 b = 레이스 위치)

• 뒷면 주머니감(겉감 1장)

지퍼 위치 / 7 / 레이스 다는 위치

▶ 만드는 방법

① 겉감을 대충 자르고, 접착심을 붙인다. 수를 놓고, 레이스를 감침질로 꿰매고 나서 시접을 1cm로 가지런히 자른다.

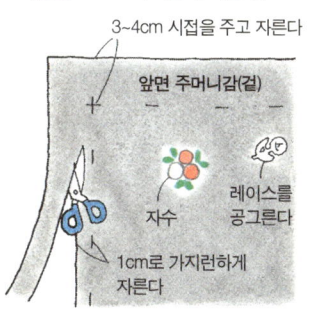

② 입구의 시접을 접고, 지퍼에 꿰매어 단다.

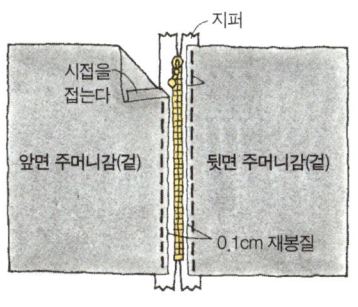

③ 주머니감을 2장 맞대어 바닥을 꿰맨다.

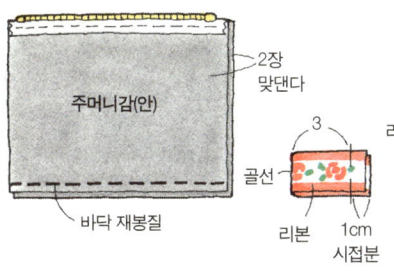

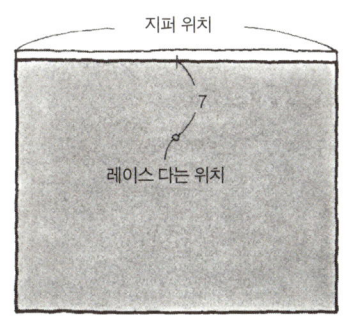

④ 주머니감을 다시 접고, 리본을 끼우면서 옆선을 꿰맨다. 겉으로 뒤집는다.

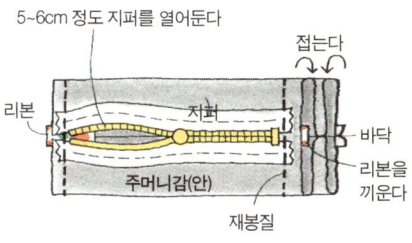

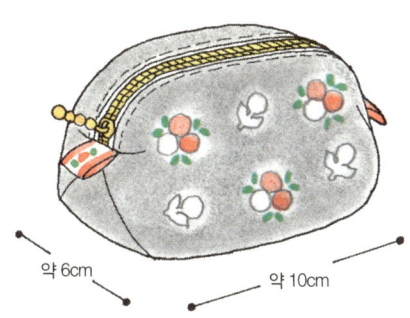

약 6cm / 약 10cm

79